山西古村镇系列丛书

润城古镇

山西省住房和城乡建设厅组织编写

刘　捷　王婧逸　孔维婧
张俊磊　于丽萍　薛林平　著

中国建筑工业出版社

**图书在版编目(CIP)数据**

润城古镇/山西省住房和城乡建设厅组织编写；刘捷等
著. —北京：中国建筑工业出版社，2011.11
　（山西古村镇系列丛书）
　ISBN 978-7-112-13523-3

　Ⅰ.①润… Ⅱ.①山… ②刘… Ⅲ.①乡镇-介绍-阳城县
Ⅳ.①K292.54

　中国版本图书馆CIP数据核字（2011）第177311号


责任编辑：费海玲
责任设计：叶延春
责任校对：刘梦然　姜小莲



山西古村镇系列丛书
山西省住房和城乡建设厅组织编写

## 润城古镇

刘　捷　王婧逸　孔维婧　张俊磊　于丽萍　薛林平　著
　　＊
中国建筑工业出版社出版、发行（北京西郊百万庄）
各地新华书店、建筑书店经销
北京方舟正佳图文设计有限公司制版
北京方嘉彩色印刷有限责任公司印刷
　　＊
开本：787×960毫米　1/16　印张：13　字数：238千字
2011年11月第一版　2011年11月第一次印刷
定价：55.00元
ISBN 978-7-112-13523-3
　　　（21315）

# 《山西古村镇系列丛书》

主　编：王国正　李锦生

副主编：张　海　薛明耀　于丽萍

# 《润城古镇》

著　者：刘　捷　王婧逸　孔维婧

张俊磊　于丽萍　薛林平

我曾多次到过山西，这里丰富的历史遗存和深厚的人文底蕴，令人赞叹，给人的印象非常深刻。山西省建设厅张海同志请我为《山西古村镇系列丛书》作个序，在这里我就历史文化遗产和古村镇保护等有关问题谈一些粗浅的想法。

国际经济社会发展的经验证明，一个国家城镇化水平达到30％以后，城镇化进程不断加快，随之出现城市建设的高潮；人均生产总值达到1000～3000美元时，进入经济发展的黄金期，也是多种矛盾的爆发期，这个时期不仅可能引发各种社会矛盾，还会出现许多问题。我国城镇化水平2003年就已经超过了40％，人均生产总值2006年已经超过了2000美元，国民经济快速发展，城镇化进程不断加速；在城市建设日新月异的发展中，中央又审时度势提出了"两个趋势"的科学判断，作出了加强小城镇和新农村建设的决策。过去，我国城市的大批建筑遗存，正是在大搞城市建设中遭到毁灭性破坏。现在，我国农村许多建筑遗产，能否在小城镇和新农村建设中有效保护，正面临着严峻考验。处理好小城镇和新农村建设与古村镇保护的关系，保护祖先留下的非常宝贵、不可再生的文化遗产，是历史赋予我们义不容辞的责任。

对于建筑历史文化遗产的保护，人们的观念不断创新、思路逐步调整、方法正在改进，从注重官府建筑、宗教建筑的保护，向关注平民建筑保护的转变；从注重单体建筑的保护，向关注连同建筑周边环境保护的转变；尤其是近年来，特别关注古村镇的保护。因为，古村镇是区域文化的"细胞"，是一个各种历史文化的综合载体，不仅拥有表现地域、历史和民族风情的民居建筑、街区格局、历史环境、传统风貌等物质文化遗产，还附着居住者的衣食起居、劳动生产、宗教礼仪、民间艺术等非物质文化遗产。我国现存有大量的古村镇，其历史文化价值和社会经济价值都是巨大的，按照英格兰的统计方法，古村镇的价值应占到GDP的30％以上。然而，认识到这一点的人并不多，甚至有人认为古村镇、古建筑是社会发展的绊脚石，这种观点对于文化的传承和社会的进步都是极为不利的。在快速推进的城乡建设浪潮中，我们所面临的最大问题就是，大批历史古迹被毁坏，大批古村镇被过度改造，使中华民族的历史文化遗产严重损坏。在这个时候提出古村镇的保护，实际上是一项带有抢救性的工作。

2008年1月1日开始实施的《城乡规划法》，突出强调了保护历史文化遗产的重要性；2008年4月又颁布了《历史文化名城名镇名村保护条例》。历史文化名城保护工作已开展近30年，历史文化名镇名村保护工作也已启动，现在大家基本达成共识，保护有价值的古村镇，其实就是"保护文化遗产，弘扬优秀的传统文化……保持民族性，体现时代性"。但是，当前全国历史文化村镇保护的形势仍然不容乐观，保护工作极不平衡，一些地方还未认识到整体保护历史文化村镇的重要性，忽视了周边环境风貌和尚未列入文物保护单位的优秀民居的保护，制定和完善保护历史文化村镇规划的任务还十分艰巨；一些地区片面追求经济效益，对历史文化村镇进行无限度、无规划的盲目开发；一些地方擅自改变国有文物保护单位的管理体制，交给企业经营管理。

作为华夏文明的发祥地之一，山西有着丰厚的文化积淀和历史遗存，不仅有数量众多的古建筑，还保存有大量的古村镇。由于山西历史悠久、民族聚居、文化融合、地形差异等多因素影响，再加之较为发达的古代经济，建造了大量反映农耕文明时代、各具特色的古村镇。这些古村镇，一是分布在山西中部汾河流域，以平遥古城为中心，以晋商经济为支撑，体现晋商文化特色；二是分布在晋城境内沁河流域，以阳城县的皇城、润城为中心，以冶炼工业及商贸流通为支撑，体现晋东南文化特色；三是分布在吕梁山区黄河沿岸，以临县碛口古镇为中心，以古代商贸流通、商品集散为支撑，体现晋西北黄土高原文化；四是沿山西省内外长城，在重要边关隘口，以留存了防御性村堡，体现边塞风情和边关文化，在山西统称为"三河一关"古村镇。这些朴实生动和极富文化内涵的古村镇，是人类生存聚落的延续，是中国传统建筑的精髓；保存有完整的古街区、大量的古建筑，体现着先人在村镇选址、街区规划、院落布局、建筑构造、装饰技巧等方面的高超水平；真实地反映了农耕文明时代的乡村经济和社会生活，凝聚了劳动人民的智慧，沉淀了中华民族的优秀文化，传承了丰富的历史信息；具有浓郁的地方特色和很高的研究价值，是人类共同的文化遗产和宝贵财富。

山西省建设厅一直对古村镇及其文化遗产的保护非常重视，从2005年开始，对全省的古村镇进行了系统普查，根据普查的初步成果，编辑出版了《山西古村镇》一书；同年，主办了"中国古村镇保护与发展碛口国际研讨会"，并通过了《碛口宣言》。报请省政府下发了《关于历史文化名镇名村保护工作的意见》，并分两批公布了71个"山西省历史文化名镇名村"，其中18处已经成为"中国历史文化名镇名村"。为大部分古村镇制定了科学的保护规划，开展了多层次的保护工作，逐步形成了科学、合理、有效的保护机制。为了不断提高人们的保护意识，他们又组织编写了《山西古村镇系列丛书》，本系列丛书撷取山西有代表性的古村镇，翔实地介绍了其历史文化、选址格局、建筑特色、非物质文化遗产，内容较为丰富。为了完成书稿的写作，课题组多次到现场调查，在村落中居住生活了相当一段时间，积累了大量第一手资料。通过细致的测绘图纸和生动的实物照片，可以看到他们极大的工作热情和辛勤劳动。这套丛书不仅是对古村镇保护工作的反映，更有助于不断增强全社会的文化遗产保护意识。让我们以此为契机，妥善处理保护与发展的关系，做到科学保护、有效传承、永续利用历史文化遗产，不断开创历史文化名镇名村保护工作的新局面。

是为序。

住房和城乡建设部　副部长

# 目 录

C        O        N        T

ENTS

C O N T E N T S

【第一章】

历史文化

LISHI WENHUA

润城古镇位于山西省晋城市阳城县东7公里沁河东岸（图1-1、图1-2），北纬35°29′，东经112°31′。古镇历史悠久，遗存丰富，有两处国家级文物保护单位，2010年公布为中国历史文化名镇[1]。

图1-1 润城镇区位

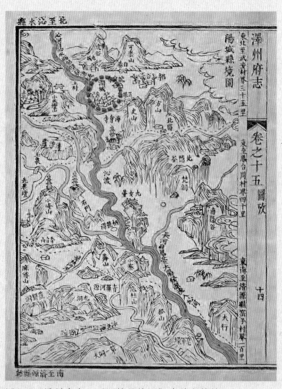

图1-2 《泽州府志》"阳城县境图"中的润城镇

# 一、沿革

润城初名"老槐树"[2]，大致位于今天的三门街西梢门附近，相传此处的"老槐庄"院落便是因此而得名，春秋时期改称"少城"，镇东北紫台岭下的玄镇门上雕着"少城"二字（图1-3），镇南烟霞山下的峪沟前原有一拱券，上书"少城归宿"四字，便是其见证。

---

1 现在的润城镇占地72.2平方公里，辖29个行政村。全镇共9100户，32611人，其中镇区2600户，11000人（润城镇政府2009年人口普查数据）。若无特殊说明，本书所指润城为润城镇区，不含润城镇所辖其他村落。
2 此"老槐树"与明洪武年间山西洪洞"大槐树"移民无甚关联，不可混淆。

"少城"一名，源于沁河。沁河属黄河支流，古称"少水"。郦道元《水经注》载："沁水，又径沁本县故城北，盖籍水以名县矣。《春秋》之少水也。京相璠曰：晋地矣。又云：少水，今沁水也"。《左传·襄公二十三年》："齐侯遂伐晋，取朝歌。为二队，入孟门，登太行。张武军于荧庭，戍郫邵，封少水"。润城因水得名，故名"少城"。蜿蜒秀美的沁河带动润城周边农业、商业的发展，是古镇兴盛的基础。

图1-3 玄镇门上有"少城"二字，已十分模糊

战国时的润城是韩赵相争的一个军事重镇。《史记·卷七十三》载，公元前262年（韩恒惠王十一年、赵孝成王三年），"伐韩之野王。野王降秦，上党道绝。其守冯亭与民谋曰：'郑道已绝，韩必不可得为民。秦兵日进，韩不能应，不如以上党归赵。赵若受我，秦怒，必攻赵'。"有学者据此考证，此处冯亭率上党十七城归赵，少城便是其中之一[1]。

战国中叶以后，铁器逐渐推广，阳城作为铁冶重镇，地位日趋重要，润城也因此逐步发展，隋唐时期更加繁盛。根据《隋书·百官志》记载，北齐时阳城设有铁冶局，表明这一带冶炼业已经十分兴旺，润城曾被称为"铁冶镇"，大略是在这一时期。明中叶，阳城冶铁业达到高峰："在山西，仅阳城一县在天顺、成化年间（1457~1487年）的产量，就相当于明初山西全省每年铁产量的七八倍！"[2]；同治《阳城县志》载："近县二十余里，山皆出铁。设炉熔造冶人甚多，又有铸为器者外贩不绝"。此时的润城"居民开炉鼓铸，以广货殖，商贾辐辏，遂成巨镇"，"铸为器者外贩不绝，从润城起始经周村、岸村、南坡、望头、南岭、冶底，至上犁川、东岭口、天水岭、天井关、晋庙铺、碗城，入河南"[3]，商业手工业十分繁盛。

大约在唐代，润城更名为"小城"。润城镇东坪村出土的大和八年（834年）一座墓碑中谓润城为："阳城金谷乡土门里小城村"[4]。

1 参见田澍中、贾承建著，《明月清风》，山西古籍出版社，2007年12月，P6。
2 白寿彝，明代矿业的发展，《北京师大学报》创刊号，1965年第一期。
3 据润城砥洎城小八宅居民资料整理。
4 碑文详见附录1-1。

图1-4 明万历二十一年 (1593年) 重修东岳庙碑

"小城"之名一直沿用至明代嘉靖年间，至今，不少润城人仍称润城为"小城"。明代万历二十一年（1593年）《重修东岳庙碑记》（图1-4）载："润城古名小城，脉势围固，水绕山环，人聚风秀，今古无宜。自嘉靖三十八年（1559年），蒙县主张爷，陕西西宁人，进士出身，嫌村名不好，祈吕仙鸾笔，改为润城。至改后，民淳繁富，人物端清。至万历十八年（1590年）本镇一案，学进六人，乃生于改润之兆"[1]。此后，"润城"之名便一直沿用至今。

明清时期润城经济发达，文化繁荣，素有"泽州王气在阳城，阳城王气在润城"之称，乃晋东南重镇。

# 二、名人

## 1.张氏家族

润城悠久的历史和文化孕育了众多的名人望族，"六延两张一瞿一杨"[2]都曾辉煌一时，其中以张氏家族最为显赫。现存《张氏家谱》载："自太祖高皇帝分州画，始定版于阳城县润城里五甲，其先茔在沁渡里河头屯南堰"，可知张氏家族在润城居住已有六百多年。明清时期张氏家族共出进士三人，举人十二个。《阳城县乡土志》[3]中记述："润城张氏，其始莫可稽，继而分为五甲、六甲两支。五甲至十七世为张树佳，乾隆癸酉拔贡生，授潞安府教授。十八世张敦仁，乾隆戊戌进士，官云南盐法道，入江西名宦祠。十八世张荐菜，嘉庆丙子举人，官山东长山县知县。弟葆，嘉庆乙卯举人，官福建伏羌县知县。张

---

1 碑文详见附录1-2。
2 "六延"为延氏一至六甲，"两张"为张氏五甲、六甲。甲为旧时户口编制单位。
3 （清）杨念先、杨兰阶、田九德原著，栗守田标点校注，《阳城县乡土志》，太原：三晋出版社，2009年。

域，道光乙酉科举人，任榆次县教谕。十八世张光节，光绪丙子举人，考取觉罗教习，拣选知县。六甲之显者，九世张瑃，明崇祯癸未进士，入国朝官至都察院右副都御史、陕西巡抚。十世张茂生，由荫生官至户部郎中。十一世张伊，康熙癸酉举人，任福建漳州府同知，从祀乡贤。十三世张广基，乾隆戊子举人，官河南临漳县知县。十四世淑钦，嘉庆戊辰科举人，任临县教谕……"真可谓人才辈出。

张氏家族从六甲九世张瑃起逐渐兴盛。张瑃是明崇祯癸未进士，为兵部观政，后官至陕西巡抚。光绪《山西通志·卷一百三十二乡贤录》载："张瑃，字伯珩，阳城人。幼聪敏，十五岁为弟子员，十九登壬午乡试，连捷癸未进士，授原武知县。邑初隶版图，数值兵燹，招抚流亡，垦荒缓征；严保甲，兴学校，戢盗安民，加意绥辑；申闭河口，裁汰冗役。其年，同考得十二人，后成进士者八。屡经荐剡，以卓异征为御史，百姓遮道拥留，立碑建祠。已丑，按四川。时，版图所入，止保、顺二府。鼓励将士渐次开辟，谕吏以洁己爱民，敕将以束兵守律。请拨牛种五万，散给兵民。本年，奏报接应军需外，贮粟六千八百有奇。辛卯，再巡淮盐，革积弊，严绝请谒。夹带私贩，皆亲行盘查。抽擎引盐，计十三万。又完正课，带征逋额，溢十三万。台省交荐，晋大理寺丞，转顺天府丞。历大理寺卿、工部右侍郎，巡抚陕西。秦当破伤灾沴之余，又值军兴烦费之日，综理缓急，悉合机宜；表率文武，正直廉明。秦人戴之如父母。辛丑，调福建督粮道。去之日，百姓轵辙郊原，顶香挥泪，祖帐壶浆几百里，祀名宦。抵闽，通商贾，禁侵渔，塞漏，革羡耗，蓄储饶，裕拮据。二载，以积劳卒于官，年四十有二。康熙六年，提学道博采舆论，追崇名宦，岁享祭祀。"同治《阳城县志》载："（瑃）资颖异觉人，读书一过不忘。自为童子至捷南宫仅五年……"。

张瑃的祖父是"远游商贩"，早年丧母，由父亲抚养成人，其父"治田间，课炉冶"，"薄食忍嗜，习为俭勤"，故瑃常自省云："人于五伦遭逆，忍苦不求人知，即此是阴德。"张瑃为官淡泊名利，清正廉明，"饬法纪，绝芭苴"，所到之处"官吏望风畏慑"。初任原武县知县，"数值兵燹，招抚流亡，垦荒缓征；严保甲，兴学校，戢盗安民，加意绥辑；申闭河口，裁汰冗役"，百姓感其恩德，立碑建祠。顺治六年（1649年）擢御史出按四川，时四川"自遭献逆'摇黄'大乱"，"遍地无烟"[1]，瑃"鼓励将士渐

---

[1] 顺治七年《四川巡按张瑃揭帖》曰："窃照川中见有保宁、顺庆二府，山多田少……昔年生齿繁而虎狼息。自遭献逆'摇黄'大乱，杀人如洗，遍地无烟。幸我大清恢靖三载，查报户口，业已百无二、三矣！方图培养生聚，渐望安康……"

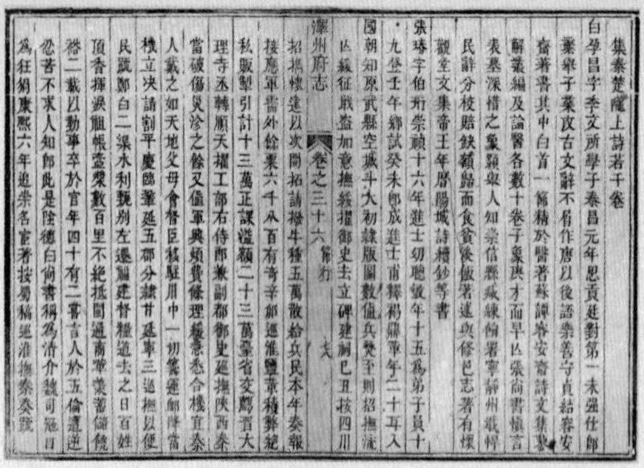

图1-5　雍正《泽州府志》卷三十六中记载的张璿事迹

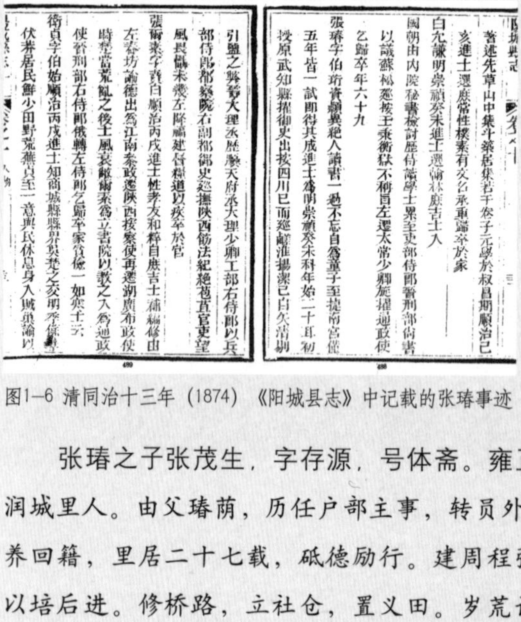

图1-6　清同治十三年（1874）《阳城县志》中记载的张璿事迹

次开辟，谕吏以洁己爱民"。雍正《泽州府志·卷三十六》（图1-5）载，张璿"招携怀远，以次开拓。请拔牛种五万，散给兵民。本年，奏报接应军需外，贮粟六千八百有奇"，一时传为佳话。顺治八年（1651年）改任其为淮盐巡抚，"巡醒淮扬，洁己自矢，清剔引监之弊"[1]，后晋升为大理寺丞。顺治十七年（1660年），又擢升其为工部右侍郎兼副都御史，巡抚陕西，"秦人戴之如父母"。康熙元年（1662年），"调福建督粮道"，革除弊端、发展生产、储粮备荒，爱民勤政，积劳成疾，卒于任上，百姓"顶香挥泪，祖帐壶浆几百里"。其弟张珣扶棺归里，将其安葬于北音村。张璿著有《按蜀稿》、《巡淮抚秦奏疏》等。现位于砥洎城内的敦伦居为其故居。

张璿之子张茂生，字存源，号体斋。雍正《泽州府志·卷三十六》载："张茂生，润城里人。由父璿荫，历任户部主事，转员外郎中。监督右翼兴平仓，以勤慎著。母老终养回籍，里居二十七载，砥德励行。建周程张朱五贤祠，以崇正学。设经蒙两学，延师以培后进。修桥路，立社仓，置义田。岁荒设粥，全活多人。为乡党区画之事甚周。所著有《息斋诗文集》，所刻有《朱子薛子要录》、《洎水斋》、《蘋阁文钞》、《魏敏果庸言》、《阳城诗钞》等书。卒年七十有二，里人哀悼，为之罢市"。清代同治《阳城县志》（图1-6）称其以"勤慎"著称，为"母老终养，回籍里居二十七载"。其间"砥德励行，建周、程、张、朱、五贤祠，以崇正学，设经蒙两学，延师以培后进"，同时"修桥路，立社仓，置义田"，逢岁荒"设粥全活多人"。并积极为乡党出谋划策，深受乡民

1　（清）赖昌期修，（清）谭沄纂，[同治]《阳城县志》，同治十三年（1874年）。

爱戴。著有《息斋诗文集》[1]，刻有《朱子薛子要录》、《苹阁文抄》、《魏敏果庸言》、《阳城诗抄》等，并将张瑃所搜录张慎言的遗文编成《泊水斋文抄》刻印成书，流传于世。现砥泊城内小八宅即为张茂生所修。

张伊，字仲衡，号桐庵，张茂生之子。清康熙癸酉科（1693年）举人，特授福建漳州同知。而因其祖父张瑃历福建粮储参政，且卒于任上，仲衡知其地险恶，畏惧此行，奏请免于此职后以原官致仕。从此归田，游于林下，以训诫儿孙、奖掖后进为事。其诗作多已失传，现仅存《被心亭》。张伊子为淑钦，嘉庆戊辰科（1808年）举人，任临县教谕。

张伊之后，下两代十三世出张广基。广基字沁川，号容庵，乾隆戊子举人，初任平遥教谕，后升朔平府教授、临漳知县。在其诗《旧感四首》序中言"余少应小试，少宰田退斋先生索余文看，谓'有黄陶庵笔气'，随以诗扇相遗，因有'小陶安'之目"。及年稍长，致学诗词及古文，邀名士相酬唱和，以大挑授职。平生著作颇丰，多散佚，仅存《张沁川先生诗》[2]。

张氏五甲至十七世为张树佳，字芝亭[3]，乾隆癸酉拔贡生，授潞安府教授。著有《忍堂诗集》，已失传，仅存诗稿17首。

张树佳之子为张晋（1764～1819年），原名张光晋，字隽三，幼聪慧，"弱冠应童子试，府院县皆第一，时有'小三元'之称"[4]。中秀才之后，放弃科考，游历天下，凡二十年。诗名远播，海内驰名。归乡里，与延君寿等四人结为"樊南吟社"，"倡和无虚日"。张晋一生酷爱诗词，淡泊名利，自嘲曰："我亦清寒叹终宴，枵腹谁能辨鸡黍。从今任笑腐儒腐，咬断菜根不言苦"，著有《艳雪堂诗集》[5]、《续尤西堂拟明史乐府》[6]等。其徒李毅工诗赋，受知于京官周石芳学使，周问其师承，遂识张晋，"资以晋封，因聘入幕"。周石芳评他的诗"总气平和，神致萧散，无名士虚矫之气"，"若隽三者，岂独雄视三晋，即以诗名天下下可也"，认为《艳雪堂诗集》"工于言情，长于论古"，《拟明史乐府》"质而不俚，婉而多风，节奏天然，断割祜确"。《阳城县乡土志》载："张晋，字隽三。笃学能诗，游学闽、越、燕、齐间。周石芳学使特聘入幕。每成一艺，

---

1 《息斋诗文集》惜已失传。
2 张继红等整理，《阳城历史名人文存》第六册，太原：三晋出版社，2010年。
3 张树佳与张广基平辈。
4 田澍中主编，《润城古代诗文选编》，山西人民出版社，2003年。
5 张继红等整理，《阳城历史名人文存》第六册，太原：三晋出版社，2010年。
6 《丛书集成续编》第28册，上海：上海书店出版社，1994年。

图1-7 张敦仁父亲墓碑拓片

击节欣赏。生平不妄干人，阮太傅元、陶尚书澍皆以未得一见为憾。抚军张芷汀称其诗'有郭林宗风'。著《艳雪堂诗集》。所拟《明史乐府》，较尤西堂有过之无不及也"。

张晋之子为张域，字予正，晓号侮廖，道光乙酉（1825年）举人，官至榆次、长子训导。"尤工书翰，秀劲酷肖刘石庵相国"。诗有其父之风，有鲍照、庾信之誉。著有《香雪龛诗集》，惜已失传，只查得十四首。张晋与其父张树佳，其子张域、张爽一家三代四位诗人，皆居润城镇河东马房院。

至此，我们将要揭开润城镇最引以为傲的文学大家、数学大家、历史学家张敦仁的传奇人生。他一生成就斐然，在数学方面尤为突出，可谓阳城县的一面旗帜。

张敦仁（1754～1834年），字仲篝，号古愚，亦号胡臾，人称古余先生。年少父母双亡，由叔父张章抚养成人。幼时聪颖好学，博览群书，二十一岁（1775年）中贡士，试官曹学使赞曰："子温文尔雅，腾达在即，非久于青衿者也"[1]。未几，继母亡故，归家守孝，三年后，即乾隆戊戌年（1778年）补行殿试，中二甲进士。为官三十六年，至云南盐法道，正四品，颇有政绩。"生平实事求是。居官勤于公事，暇即力求古籍，研究群书，虽老病家居，亦不废学。尤嗜历算"[2]。八十二岁病故于江宁府邸[3]（图1-7）。

敦仁二十四岁中进士，授直隶南宫知县。未上任，调江西高安任知县，后又调安徽庐陵任知县，"当积玩之品，行廉悍之政，弊绝风清"[4]迁瑞州铜鼓营同知，代摄九江、抚州、南安、饶州府事。嘉庆五年（1800年）调江苏松江府川沙同知，又摄扬州、松江、苏州、江宁府事。嘉庆八年（1803年），因政绩卓著，加一级，次年升任扬州任知府。嘉庆十年（1805年），调江宁、苏州任知府，时值岁歉，百姓被迫卖耕牛以求活命。敦仁得知情报后，号召同僚大户捐资买牛。来年春耕，灾减，又让卖者原价赎回，民心大悦。调

1 （清）曾国荃修，（清）王轩纂，[光绪]《山西通志》。
2 （清）罗士琳撰，《畴人传续篇》，清道光二十年（1840年）。
3 江宁府上原建有愚古楼一座，收其藏书、字画等，传太平天国时毁于一炬。
4 （清）赖昌期修，（清）谭沄纂，[同治]《阳城县志》，同治十三年（1874年）。

江西吉安任知府后，"沿赣江多盗，（敦仁）遴健吏专司巡缉，责盗族擒首恶，毋匿通逃，雈苻以靖，民德之"[1]，乃建生祠供之。嘉庆十四年（1809年）摄南昌知府，嘉庆二十一年（1816年），调补南昌任知府，不久调回吉安任知府。逢吉安发生"叛乱"，巡抚命他武力镇压，敦仁单骑前往，经调查，属私斗，乃奏曰："匪情掠劫，富民为保家计，多伴附之，而实未身与，及事发，株连盈圜圄"[2]。他据理力争，为民申冤，百姓谓之"救命青天"。

敦仁自幼好学，记忆力惊人，所看之书过目不忘，且从少至老手不释卷。从政期间，为研究学术，常托故谢绝种种应酬。《清史稿》记载："敦仁博学，精考订，公暇即事著述，所刻书多称善本"。

张敦仁一生求贤若渴，"一时名士如郑梦卜，周庆庵皆出其门"。时"南北二李"[3]中的南李李锐，穷困潦倒，敦仁得知后，接入帐下，待作幕宾。随后焦循、汪莱[4]亦经常成为其座上宾客，研究数术，谈论古今。

张敦仁"著作繁富，白下兵燹后，十无一存，唯尔雅图考算书尚有藏者"[5]。著述有《辑古算经细草》二卷、《开方补记》九卷、《求一算术》三卷、《求一通解》二卷、《尔雅图考》二十卷、《资治通鉴补正略》四卷、《资治通鉴刊本识误》三卷、《礼记补注考异》二卷、《雪堂墨品》一卷和《尚书补注考异》等（图1-8）。

究敦仁一生，可谓"为天地立心，为生民立命，为往圣继绝学，为万世开太平"[7]。

图1-8 张敦仁手书《朱文公家训》碑刻拓片[6]

1 详见附录1-3。
2 《清史稿》1977年8月1日出版。
3 清代著名数学家，南李锐，北李潢，时称"南北二李"。
4 焦循、汪莱、李锐在深入钻研秦九韶、李冶等数学著作的基础上，对高次方程解法和天元术提出了自己的见解，使方程论成为较完整的理论体系。被誉为"谈天三友"。
5 （清）赖昌期修，（清）谭沄纂，[同治]《阳城县志》，同治十三年（1874年）。
6 详见附录1-4。
7 北宋哲学家张横渠言，此处引自田澍中、贾承建著，《明月清风》，山西古籍出版社，2007年12月，P123。

敦仁有两子，长子张荐粢，字子洁，号小余，清嘉庆丙子（1816年）举人，初授海丰知县，有政绩，后任山东长山知县；次子张葆，字子实，一字种实，又字实父，号筠生，又号敬梅庵主，清嘉庆己卯（1819年）举人，授福建伏羌县知县，善抚民。现砥洎城简静居为张敦仁故居。

张林为张氏家族又一进士，字扶春，道光戊戌年（1838年）进士。初授广西昭平知县，官至柳州知府，恤兵爱民，废无不举。因积劳成疾，卒于任上。

## 2.骚坛四逸

清乾嘉年间，润城延君寿、张晋、陈法于、张为基等四人组建"樊南吟社"，吟诗唱和，名噪一时，人称"骚坛四逸"。四逸受当时著名诗人袁枚的影响，诗文不歌颂"圣恩"，不粉饰太平，直抒胸臆，书写生活，清新自然，别有韵味。张晋的《渗菜词》[1]、《养蚕行》[2]、《灌园行》，延君寿的《催粮行》为此中的代表。

四逸之中的延君寿，字荔浦，润城北音村人，非科举出身，曾任莱阳、长兴、五河县知县。乾隆年间与张晋等人组建"樊南吟社"。后外出做官，政务闲暇之时与文人学士诗酒唱和。嘉庆年间，离政返乡，与张晋一道召集故友，重开诗社，结伴畅游。著有《六砚草堂诗集》、《山居词》，诗论《老生常谈》等，并将阳城县历代诗作精选为《樊南诗抄》四卷，刊行于世。其中《老生常谈》是一部著名的文学理论著作，对后世影响很大。

张为基，字礼垣，诸生。"慧而好学，不求仕进，未弱冠，学已称富"[3]。在"骚坛四逸"中，他年龄最小。延君寿等人劝他参加童子试，他却向往外出游历，于是下太行、渡黄河、游伊洛，"历览名胜，以发胸中奇气"，归来正值应试，一试便冠榜首。仍无意仕进，"日事唱酬，瓢饮自适"，甘以布衣终老。延君寿称其诗"琅琅有金石之声"，著有《青萝斋诗集》等。

张晋，张氏五甲第十八世，中秀才之后放弃科考，游历天下，凡二十年。诗名远播，海内驰名。著有《艳雪堂诗集》、《续尤西堂拟明史乐府》、《戒庵诗抄》、《艳雪堂论诗绝句》等。

---

1 见附录1—5。
2 见附录1—6。
3 （清）赖昌期修，（清）谭沄纂，[同治]《阳城县志》，同治十三年（1874年）。

陈法于，字金门，诸生，陈廷敬[1]曾孙。性情恬雅，工于诗词。除非买书，否则不履市井一步，世人皆以"隐君子"称。著有《秀野山房诗集》等。

四逸的诗文主张直抒胸臆，书写自身体会；主张读书与游历相结合，所谓"读万卷书，行万里路"。他们书写社会最底层劳苦大众的苦难生活，增加了诗歌本身的厚重感；同时研究探讨诗歌的发展规律，如延君寿的《老生常谈》和张晋的《艳雪堂论诗绝句》等。他们的诗文和理论影响了一大批诗人学者，使嘉庆年间阳城县的文学创作达到了高峰。

# 3. 七逸老人诗社

七逸老人诗社是润城继"樊南吟社"后，于道光、咸丰年间兴起的文坛诗社。《阳城县金石记》记载："七逸老人为墨逸王萃元、闲逸杨庆云、书逸延常、硐逸李焕章、柳逸曹承惠、樵逸张贻谷、琴逸韩纪元。又附人莲逸僧本立，凡八人，有唱和集。又各有专集"。其中墨逸王萃元、樵逸张贻谷为润城镇人，其余来自润城镇中庄、下庄、北音等村，领袖人物为"闲逸"杨庆云。后有南神庙僧人本立加入，号莲逸，故应是"八逸"，但习惯上人们仍称其为"七逸"。

"七逸"皆为皓首穷经的落魄文人，潦倒不得志，唯有吟诗作乐以慰平生。其中杨庆云字釜山，号闲逸，与其弟杨丽云年轻之时受教于延君寿，再加上家学承传，为诗的根基很是深厚。张贻谷，字子有，号樵逸。王萃元，字卯庵，号墨逸，与张贻谷同受张敦仁、张晋、王右文等人的熏陶，其诗大器晚成。延常，君寿之子，字石似，一字彝九，号心逸，廪贡生，出身书香门第，继承了其父兄的衣钵。李焕章，字鉴塘，号硐逸，是教书先生，受"樊南吟社"影响，一生致力于传道授业与吟诗作乐。韩纪元，字倬山，号书逸，郭峪人，诗风很大程度上受黄城陈氏家族和诗人王炳照的影响。曹承惠，字化南，号柳逸，与杨庆云是近邻，时常一起切磋诗艺。后有南神庙僧人本立加入，诗名更在"七逸"之上。七逸常常聚会吟诗，润城周边的东坪庙、紫台岭、青山崖上的魁星阁，沁河岸边等都是他们的相聚之所。天降大雪亦或花开叶落，七逸便相伴外出赏雪、观花，每每聚会皆有佳作问世，互相传阅点评，不亦乐乎。"七逸老人"作品主要辑入《就闲斋同人唱和集》和《梅花诗社同吟集》。

---

1 陈廷敬（1639~1712年），字子端，号说岩，晚号午亭，北留镇黄城村人。顺治十五年（1658）进士，先后担任大清康熙帝师、吏部尚书、文渊阁大学士、《康熙字典》总修官等职。谥号文贞，人称"文贞相国"。

图1-9 花馍制作

如果说"骚坛四逸"使阳城文学达到了高峰，那么"七逸老人"便可谓其延续和收场。

# 三、民俗

深厚的文化积淀除了留给润城古镇一本沉甸甸的历史之外，还有鲜活的民俗。民俗记录着历史，并融入人们的生活，生动而具有活力。

## 1.八八宴

八八宴是润城远近闻名的食宴，相传是由康熙年间鸿胪寺鸣赞、润城人郭璋所创。郭璋曾掌管宫廷礼仪，对饮食和养生颇有研究，在"八八宴"的基础上，不断研究，创造出清廷的"国宴"，也就是著名的"满汉全席"。

田澍中先生在《明月清风》中这样记述八八宴：

"润城的'八八宴'，先上九个酒盘，象征'位列九鼎'。酒毕，八八六十四碗不同菜肴以二为单位，四为基数，八为一旬陈上。每八碗中间还要穿插各色造型精美、口味独特的主食。整个'八八宴'贯穿周易太极理念，蕴含太极生两仪、两仪生四象、四象生八卦、八卦生万物的哲理，寓意好事成双、发发大吉、万寿无疆。一桌上乘的'八八宴'就是一剂丰富的'十全大补汤'，既是美食，又能调和阴阳，益寿延年"。

如此面观，一桌食宴既精致味美，又能养生延年，还包罗众多涵义，反映了润城深厚的文化。

## 2.花馍

花馍是面食的一种，由白面做成各种造型的"馍"，经捏形、雕刻、蒸馍、上色等多道工序而成（图1-9～图1-11）。常用在满月、寿庆、

图1-10 蒸好的花馍

图1-11 制成的花馍

图1-12 婚礼中的花馍

婚典及丧事、祭祖等活动中，是润城古镇民俗活动的重要组成部分。

花馍以白面为原料，辅以各种豆子、红枣等，造型、图案丰富，从花鸟鱼虫到蔬菜瓜果样样俱全。蒸好的花馍呈现在眼前，仿佛一件件工艺品，总免不了受到一番赞叹。

在润城镇的婚礼中，新人们会准备一个"花馍"，互相赠送，祝愿一生和和美美，幸福吉祥。花馍精致美观，充满了美好和幸福的意味（图1-12）。

## 3.其他

润城有种类繁多的小吃，最著名的要数"润城枣糕"，俗称"泡麦面馍"，是过年串亲戚的必需品（图1-13）。一般到了腊月，润城人都要"墩锅蒸"，制作枣糕、点心等用于过年的面食，各家制作工艺略有不同，花样繁多。

除枣糕外，花饦、馒头等面食也是人们日常生活中不可或缺的食品（图1-14～图1-16）。

图1-13 润城枣糕

图1-14 花饦

图1-15 馒头

图1-16 润城小吃

润城人对于传统节日十分重视，有许多具有地方特色的习俗。例如，在冬至日天尚未亮时，家家户户便起来，摔一颗大南瓜，越碎越好，然后煮"瓜糊饭"作为早餐。据说这一习俗源于一个传说，为的是消灾避祸，求平安吉利。

图1-17　千年流韵的润城古镇

润城人的婚嫁时间一般是在下午，要到晚上新娘才能进门，这一习俗来源于古时的一次"丧喜相冲"。相传某次镇上两家分别办喜事和丧事，走到同一条街上，互不相让，于是为了防止以后出现类似的问题，润城人就定下规矩，以死为大，以孝为先，故丧事在早晨，喜事安排在下午，至今如此。

民俗是古镇历史和人们生活的重要组成部分。民俗之于历史，影射前人的信仰和认知；民俗之于生活，也是今人的精神寄托。历史和民俗，共同构建了古镇的文化，经过不断的丰富和演变，代代相传，流韵千年（图1-17）。

润城古镇历史悠久，人才辈出，此处辑录不过十之一二；风景秀丽，山环水绕，大可媲美名山胜水；冶铁发达，商贸繁荣，实乃明清工商巨镇；人杰地灵，民风淳朴，更有许多风土人情。于是乎"泽州王气在阳城，阳城王气在润城"便不是虚传。

# 选址与格局

XUANZHI YU GEJU

图2-1 润城全景

# 一、选址

　　润城古镇地处沁河腹地，水绕山环，风光秀美。清康熙二十六年（1687年）《阳城县志》之"沁渡扁舟图"记载："沁河之渡也，河抱润城。地产铁冶，五方人居，诸货最委……"古镇"四山围固，三水萦流"[1]，东依翠眉山，西南临烟霞山，西望天坛山，东北临紫台岭，形胜极佳（图2-1、图2-2）。沁河古道自北向南流过，滋养生息；翠眉、紫台之间有樊溪（东河），最终汇入沁河古道；峪沟则从古镇南面流入沁河，韵致极佳，古有"三山两水一孔桥"的美景。众山环抱的环境、经年长流的河水和温润适宜的气候，为古镇居民的生活和发展提供了优越的物质基础，孕育出独具特色的经济与文化（图2-3）。

　　在古镇建设过程中注重"理法"，以补充自然地理形态的不足。镇东北角的玄镇门被视为风水之源，上书"少城"，但城门外地势较低，故建庙宇将风脉引入，匾额上刻着"一镇来龙"，意在承袭来龙风脉（图2-4）。又如南边街的三岔口处原有一庙，碑文记载，由于南边街位于古镇的东南，离"来龙"之脉已远，故设庙宇，以增其气、承启脉[2]。

---

1 清康熙三年《重修大王庙碑记》。
2 如今庙宇仅存遗址，碑在"文化大革命"中被破坏，难察字迹。相关内容由润城古镇张家庆讲述。

图2-2 同治十三年《阳城县志》中的"沁渡扁舟图"

图2-3 润城古镇周边的"四山三水"

图2-4 "一镇来龙"匾

山西古村镇系列丛书

# 二、格局

## 1.肌理

肌理，表达了在环境等诸多因素作用下聚落成较为稳定生长和发展的状态。如果我们把建筑作为"实空间"，而院落、道路等看做"虚空间"来分析古镇的肌理，可以看出润城古镇与大部分中国传统村镇一样，有如下的特点：

**（1）均质**

古镇中居住建筑的体量基本相当，说明在长期的生产生活中，人们已经找到了适合居住的空间尺度，并长期这样使用。

**（2）协调**

虽然从总体上来看建筑的朝向并非完全一致，但在不同位置、不同条件下，会形成一种适应的状态。这种状态在同样的条件、类似的位置上相互统一协调。

**（3）紧凑**

润城古镇的整体结构紧凑，虚实适中。空间形态和大小因建筑功能、环境的不同有明显的变化，但整体空间错落而不散乱，院落和街道组织十分协调（图2-5）。

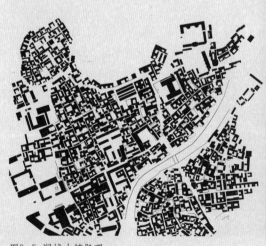

图2-5 润城古镇肌理

## 2.十二坊与东岳庙

　　封建时期润城古镇以坊作为居住和管理的基本单位[1]，各坊均有专人负责管理（图2-6），明代润城共有十二坊：三圣坊、铸佛坊、神佑坊、街市坊、神佐坊、镇溪坊、文林坊、通沁坊、临沁坊、佛岩坊、玉泉坊、玄阁坊等。有些坊因其中的产业命名，如"铸佛坊"、"街市坊"等，有些坊以地理位置得名，如"临沁坊"、"通沁坊"均靠近沁河，有些坊以临近的建筑命名，如"神佐坊"、"神佑坊"分别位于东岳庙的左右。

　　润城古镇有一个非常明显中心——东岳庙，地处镇重心地带，同时是古镇的精神中心（图2-7）。庙宇气魄宏伟，规制严整（图2-8）。东岳庙的中心作用带动了周边的发展，附近的商业及手工业等都比较发达，至今仍是如此（图2-9）。

图2-6 明代润城的十二坊示意

图2-7 东岳庙位置

图2-8 东岳庙现状

图2-9 东岳庙前的街市

---

1 明万历二十一年（公元1593年）《重建东岳庙碑记》中记载了这种形式。《重建东岳庙碑记》，刻于东岳庙齐天殿正立面东墙壁，是研究古镇历史的重要文献，详见附录1-2。

## 3.东河

东河（又称樊溪河）自东北向西南流过古镇，曾是一条重要的交通路线，也是繁华的水道集市，在古镇的整体格局中起着十分重要的作用（图2-10）。

图2-10 东河现状[1]

东河长500余米，宽20余米，将古镇一分为二。东河南北两侧各有一条商业街，北边为三门街，西起西梢门，东接席家圪洞，大体为东西走向，是古镇中重要的交通道路和商业集市。东河南岸的商业街叫南边街，因位于镇南而得名，在东河繁盛时期，这里分布着众多商铺、客栈和骡马房。

以东河一岸相隔的古镇两边道路有着截然不同的肌理（图2-11）。东河北岸的道路呈鱼骨形，比较规整且有规律可循，有较为强烈的规划痕迹（图2-12）。相比之下，东河南岸街巷分布自由，走向各异，街巷之间的关系也较为随意，如南边街

(a)                                                                                          (b)

图2-11 三门街、南边街周边的道路肌理
(a) 三门街周边；(b) 南边街周边

1 由于近年来水量较小，东河大部分时间处于干涸或半干涸状态。

就呈一条曲线（图2-13）。而东河两边的地势均较为平坦，可见这并不是由于地形造成的。分析道路与建筑建造的先后关系可以发现，东河北岸道路规划在先而建筑生长在后，街道形态较为规整；而东河南岸建筑建造在先，道路是被建筑"挤"出来的，因而

图2-12 东河北岸的主要街巷——三门街

图2-13 东河南岸的主要街巷——南边街

形态相对自由。不同的道路形态以一河相连，共同构成了古镇的骨架。

东河流经古镇的起始处各建有一个戏台，南边的为上石台，北边的为下石台，是迎神赛社的演出场所。两个戏台均建于河边，东河水量不大，枯水期时人们可以站在河道里，热热闹闹地看戏。与此同时，戏台和周边山上的庙宇相互呼应——表明戏不仅仅给"人"看，更重要的是要给"神"看（图2-14）。如今戏台已不在，仅存遗址。

图2-14 东河首尾的戏台与周边山上庙宇

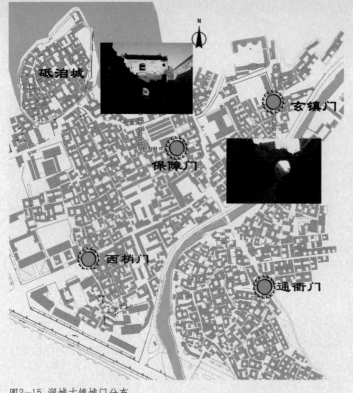

图2-15 润城古镇城门分布

## 4.边界

古镇旧时以城门来限定边界，东为玄镇门，西为西梢门，南有通衢门，北有保障门（图2-15）。此外，一些主要居住巷道的尽端都有牌楼门，夜晚关闭以保障居民的安全（图2-16）。时至今日，这些城门和牌楼有的已损毁，有的仅有遗址，都不再使用。随着古镇边界的不断扩张，城门外相继兴建了新建筑，原有的巷道或直接延伸，或倾斜着向前继续。

## 5.砥洎城

润城地处水路交通要冲，自古便是兵家必争之地，于是以防御为主的砥洎城便应运而生。砥洎城建于明代，坐落在古镇北部沁河岸边，三面临水，只有南侧的城门和镇区相联。砥洎城在古镇整体布局中地位举足轻重，防御外敌时多次发挥十分重要的作用。东河北岸的许多居住巷道可达砥洎城，其中砥洎巷直通砥洎城城门（图2-17）。

## 6.小结

综上所述，润城古镇的整体布局可以概括为"四点三线十二面一中心"：点，即城门节点，限定了古镇的边界；线，分主线和次线，主线为东河，次线为东河南北两岸的街道，它们共同构成了古镇的道路骨架；面，则指十二坊，是古镇居民生活的载体；另有东

图2-16 巷道尽端的牌楼门

沁　水

砥洎城

东

三
门
街

河

图2-17 砥洎城位置及景观

岳庙为古镇的精神和几何中心，见证了润城的历史发展。润城古镇的建设充分利用地形和水源，分区明确，管理有方，百姓安居，文化繁荣，可谓天时、地利、人和。

# 三、街巷

## 1.街巷等级

街巷是村镇空间的重要组成部分，也是支撑村镇的骨架。润城古镇的街巷可以分为三个等级：主干道、居住巷道和户前窄巷（图2-18）。主干道承载四方人流，又与诸多巷道相互连通；居住巷道相对幽深狭窄，也更加僻静，两侧有序分布着居住院落；户前窄巷一般位于居住巷道中，是巷道与院落之间的过渡，区分并连接公共与私密空间。

东河、三门街和南边街是古镇的主干道，也是明清主要的商业街。历经变迁，东河街市慢慢衰落，南边街也演变成主要用于居住的巷道，只有三门街依旧繁华。三门街大体为东西走向，两侧如礼让巷、砥洎巷等众多巷道与其垂直相交，相互连通，形成骨架式道路系统。三门街向东延伸为席家圪洞，由一过街楼分隔，实现商业街巷到居住街巷的

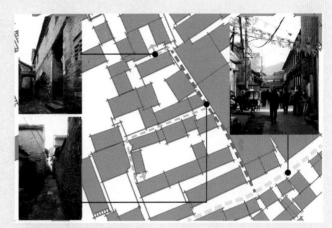

图2-18 街巷等级示意

图2-19 三门街及周边

转化（图2-19）。

　　居住巷道是第二等级的道路，与主干道相互联系又互不干扰，两侧分布住宅院落。有些居住巷道被称为"圪洞"，如庙后圪洞、延家圪洞等。东河北岸居住巷道大多幽深顺直，大体沿同一方向延伸或略有偏移；东河南岸则十分曲折，顺应建筑的生长。有些地区并没有严格的巷道概念，而是以区域相称，表示其大致位置，如"河东"、"东坪上"等。

　　户前窄巷是居住巷道到院落空间的过渡，表明已经到达住宅院落的领域，相对而言更加私密，空间也更为多样。多用铺地、矮墙等实现从街巷公共空间到院落私密空间的转化（图2-20）。

图2-20 户前窄巷

总之，润城古镇的道路等级分明，功能各异，相互联系，共同作用，形成完整的交通系统。

## 2.街巷空间

各等级的道路因功能、地形等原因，形态和尺度各不相同（表2-1）。主干道需要缓解拥挤的人流，因此相对开敞；比较私密的居住巷道则封闭感较强；位于院落入口的户前窄巷，常用作集散场所，空间较为宽敞，而由于其半私有性，故围合性很强。立面上看，主干道的界面相对连续，起伏不大；而另外两种级别的道路稍显随意，节奏活泼，随院落的分布产生退进、高矮等变化。

## 3.街巷实例

### （1）三门街

三门街西起西梢门，东接席家圪洞，长约140米，宽3~5米，因街上有三座门（西梢门、不二门和本镇东门）而得名，是润城古镇中最重要的街巷之一（图2-21）。西梢门是三门街的起点，也是古时润城镇的西侧边界；不二门正对东岳庙大门，也是三门街南侧巷道的尽端，原来有一块高大的石牌坊，现已基本损毁，但仍然是连接东河与三门街的重要通道（图2-22）。石牌坊附近曾有许多烈女的墓碑，不二门取其"忠贞不二"之意。本镇东门亦称索道口，是一座石

图2-21 三门街现状

图2-22 不二门遗址

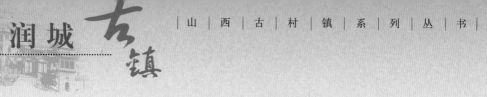

润城古镇典型街道空间分析 表2—1

| 道路级别 | 道路名称 | 街道宽（米） | 宽高比 | 平面示意 | 剖面示意 |
|---|---|---|---|---|---|
| 主干道 | 三门街 | 3～5 | 0.7～1.2 | | |
| 居住巷道 | 礼让巷 | 1.75～2.15 | 0.4～0.6 | | |
| 居住巷道 | 砥洎巷 | 2.3～2.5 | 0.5～0.8 | | |
| 居住巷道 | 庙后圪洞 | 2.2～2.5 | 0.6～0.8 | | |
| 居住巷道 | 后巷口 | 2.25～2.45 | 0.6～0.9 | | |

拱门，门匾上刻"索道口"三字（图2-23）。原东河两岸以索道相连，这里是北岸的起点，如今索道已经不见踪迹。

明清时期的三门街十分繁盛，周围的建筑多为二层，临街为店铺，钱庄、当铺、邮政、百货、布匹、杂货等应有尽有，行人络绎不绝。街道正中北侧是气势雄伟、美轮美奂的东岳庙，礼让巷、砥洎巷、庙后圪洞、后巷口、席家圪洞等居住巷道都垂直与三门街相连。由于交通便利，不少官宦商僚将宅地布置在三门街两侧，如郭宅、杨宅等。作为润城古镇的商业文化中心，三门街至今仍保持着活力，周边大多数的建筑保存完好，明清时期的繁荣依旧可见（参见图2-19）。

## (2) 东河

东河在明清时期是闻名阳城县乃至泽州府的商业集市，侯马、翼城等地的客商络绎不绝。清代雍正二年《贝坡凶荒碑》记载："小城河集市大兴。每一日有两三千牲口往来贩卖。斗行三十多名，每一名外合十多个伙计。自朝至暮，轰轰若市。扫集儿童三四百有余，抓集群众不计其数。行炉锅场改作过客店房者十有八九，大街小巷卖饭食火烧者直至三更"。

直到抗战之前，东河依旧十分繁华，沿河而下左面有"张道纸扎铺、织丝罗底作坊、粮店、银楼、梁随肉铺、梁二肉铺、梁三肉铺、梁三旅店、仁二挂面店、饭铺年饭铺、粮店、五色号染房、杨家饭铺"，右面有"常营油坊、豆腐坊、煎饼馍铺、张家糖坊、正盛春杂货店、德盛永布店、小三剃头铺、姚家小吃、磨坊、长兴源油坊、布店、梅桂剃头铺"，官发圪台有"永兴文文具店、烟坊麻店、新绪油坊、铁匠铺、铜匠铺、福顺祥邮局"，索道口（河街的一条小巷）右边有"四雷陶瓷店、信昌市、金泉饭店、济春堂药铺"，左边有"小屯染坊、四旦杂货铺、文具店、旅店等"，"河滩有三个卖粮食的大集

图2-23 本镇东门（索道口）

图2-24 南边街

和各种搭棚的临时摊贩"[1]。由此可见，东河两岸可叫得上名字的店铺、作坊就四十余家，再加上河滩临时搭建的棚市，当时东河商业街的繁荣可见一斑。

20世纪30年代日军入侵阳城后，东河开始衰落，至文革时期，最后几家店铺关闭。如今仅在农历四月十八、十月初一的庙会这里才又热闹起来。沿河的白龙宫、玉皇庙、祖师阁等古建筑或破坏严重，或已改作他用。

### （3）南边街

南边街位于东河南岸，曾是一条繁华的商业街，有索道与三门街相连。南边街周边建筑沿翠眉山坡地展开，街道则因建筑自然生长而成，曲折而宽敞，两边分布着许多店铺，大多为前店后坊形制。南边街通衢口是润城古镇的南侧边界，曾经是许多供来往商旅休息的客栈和骡马房，现在多已改造成为民居，但仍然可以见到旧时的痕迹——临街门匾上写着"送往迎来"，或有宽大的骡马门和宽敞的系马后院等。如今这里已经没有了往日的喧嚣，而是多了一丝生活的气息（图2-24）。

### （4）主要居住巷道

#### 1）礼让巷

礼让巷位于三门街北侧，靠近西梢门。过去属神佑坊，居民们多称此地为"小门里"（图2-25）。巷道入口处有一个牌匾，上书"礼让巷"三字。巷道不深，周边分布着十余户人家，尽端为怡园，是刘氏家族的故居。巷道宽1.75～2.15米，两侧的建筑一、二、三层不等。

#### 2）砥洎巷

砥洎巷位于三门街北侧，东岳庙西，长约142米，宽2.3～2.5米，北通砥洎城南门，南到三门街。巷道幽深，是连通砥洎城和三门街的重要通道（图2-26）。

---

1 引自华中科技大学、山西省阳城县润城镇人民政府，《润城古镇保护规划》

图2-25 礼让巷　　　　　　　　图2-26 砥洎巷　　　　　　　　图2-27 庙后圪洞

图 2-28 后巷口　　　　　　　　图2-29 保障门

### 3）庙后圪洞

　　润城方言中，巷亦称"圪洞"。庙后圪洞位于三门街北侧，东岳庙东，宽2.2～2.5米，巷道中有涅涯别墅，两侧大部分住宅院落保存完好（图2-27）。

4）后巷口

后巷口位于三门街北侧（图2—28），宽2.25～2.45米，向北通往保障门。保障门是润城古镇的北门，也是现存相对比较完好的城门（图2—29）。门为两层，上层是阁楼，下层为半圆拱门通道，古时为防沁河水，设有闸门，保障古镇平安，因此得名。后巷口周边有敬远居等院落，如今随着古镇的扩建，保障门外也建起了新的民居，后巷口因此继续向北延伸。

5）席家圪洞与延家圪洞

席家圪洞和延家圪洞都因巷中宅院而得名，之间有文林巷相连。席家圪洞西接三门街，向东延伸到镇东口，周边以民居建筑为主（图2—30）。延家圪洞与席家圪洞平行，北通玄镇门，宽约2米。巷道幽深宁静，民居素雅有致，生活气息浓郁，有多处券门和过街楼（图2—31）。

图2-30 席家圪洞

图2-31 延家圪洞

【第三篇】

砥洎城

DI JICHENG

图3-1 砥洎城全景

# 一、概况

砥洎城位于润城古镇北部沁河岸边，三面环水，南依古镇，是一座明代防御性的堡寨。砥洎城平面呈椭圆形，占地3.7万平方米，周长704米，兼具居住与防御功能，2006年被列为全国重点文物保护单位，对研究我国古代城堡建筑具有十分重要的价值（图3-1、图3-2）。

砥洎城之名源于绕城而过的沁河。"沁水"古称"洎水"，《水经注》中记载："沁

图3-2 清代同治十三年（1874年）《阳城县志》"沁水图"中的砥洎城

水即洎水也，或言出谷远县羊头山世靡谷。三源奇注，径泻一隍，又南会三水，历落出左右近溪，参差翼注之也"。城堡建于"洎水"之中的一块大砥石上，三面环水，南依润城镇，远望恰如砥柱，故名"砥洎城"（图3-3）。

砥洎城系明万历年间润城杨氏家族之杨朴为防御流寇而建[1]。杨朴（1569

---

[1] 并非此处之前无人居住，此地原名寨上，隶属于"三圣坊"。至今仍有老人们称砥洎城"小寨"或"寨上"。

图3-3 砥洎城模型

～1639年），字贲闻，少孤，由其祖父抚养，未及成人祖父丧，生计更加艰难。同窗好友
张慎言谓其曰："虽家徒四壁，昂藏磊落"。明代万历丙午（1606年）中举，时年37岁，
历15年，会试不中。念母年事已高，及52岁方做官。《阳城县志》称其"为吏干敏精核，

当世称其有刘宴才"。

明朝末年，流寇四起，仅崇祯四年（1631年）至六年（1633年）间，阳城县有记载的兵乱就有九起之多。据《阳城县乡土志》记载："（崇祯）五年（1632年），紫金梁等犯县之郭谷、白巷、润城诸村，杀掠数千人而去。八月，贼自沁水入县之……"同年九月、十月、十一月、六年二月、五月、九月……亦有战乱。《同阁记后序》中也有所相关记述[1]。杨朴时任大兴知县，于崇祯壬申（1632年）、癸酉（1633年）筹备修建砥洎城以防流寇袭扰。《明故承德郎大兴知县贲闻杨公及元配安人王氏合葬墓志》载："经流寇之变，杀掠殊惨。里西北偏高阜，三面濒河，公相度高下，量方广得若干亩，记亩敛直费数千金，筑砥洎城，屹然金汤，此不朽之功也"[2]。

砥洎城自崇祯六年（1633年）动工，历经五年竣工，建成后为防御流寇起到了重要作用。城内现存《创置土碾记》碑[3]中记录了清顺治年间砥洎城两次遭遇兵厄，百姓塞门防御，日夜侯春的事迹，是砥洎城不朽之功的真实写照。

图3-4　"山城一览图"碑

砥洎城竣工后，里人杨载简绘砥洎城平面《山城一览图》刻于碑上（图3-4）。该碑碣高54厘米，长86厘米，详细标出了城郭的走向及主要建筑和院落分布、巷道以及碾、井等设施，是我国珍贵的古代建筑史资料。碑原存于砥洎城文昌阁内，文昌阁被毁后改存于砥洎城内的小八宅。

杨朴于砥洎城建成后的第二年（1639年）病逝。此后，族内接连出现伤亡事故。阴阳先生称："此地西有白虎圪堆，东北有卧虎山，羊（杨）在其中，又在圈里，于风水大忌"，于是杨家便将砥洎城卖于张氏。

---

1 张慎言《同阁记后序》载："贼王家胤以辛未夏首犯坪上，依磕山而南，入获泽，犯郭谷、白巷诸村，杀掠无算，有死于井者，至投于圈、没于河，子女玉帛厌而去炭窑深广者，什一苟免，复用硫及诸毒熏而毙者，可以整量"。张慎言（1577～1645年），字金铭，号藐山，润城镇屯城村人。官至南京吏部尚书，加太子太保。
2 收录于《泊水斋诗文抄》张慎言著 李蹊校注 1992年1月版。
3 详见附录1-7。

图3-5 补修西城并两瓮城东西园墙壁记碑

砥洎城自创修以来有史料可考的增补共有三次。第一次在清代顺治十年（1653年），乡人集资修筑了砥洎城后瓮城，并建水门。《修后瓮城并水门碑记》中记载："顺治十年正月二十一开工，本年十一月止。创修后瓮城并水门所用银两，依照地亩公派每亩地分派银六两……"修建后瓮城后，"山泽通气"[1]，同时也方便了城内居民的洗濯和通行。

第二次约在清代乾隆嘉庆年间，据《阳城县乡土志》载："张依仁，敦仁兄。刚方好义。里有堡旁临沁河，岁久址互裂。依仁倡捐千金，完筑如故"，此处"里有堡"即为砥洎城。张依仁系张敦仁的大哥，因经商颇有家资。第三次修葺在咸丰三年九月，现存于南城门楼上的《补修西城并两瓮城东西园墙壁记》[2]中有载（图3-5）。

砥洎城中有文昌阁、关帝庙、三官庙、黑龙庙、祖师阁等公共建筑。民居院落相互串联，其中有数学家、汉学家张敦仁的故居"简静居"、陕西巡抚张的故居"敦伦居"、敕封鸿胪寺鸣赞郭登云的府第"鸿胪第"、福建盐运司王崇铭的府第"师帅府"（已毁）等。

# 二、格局

砥洎城因防而建，以居为主，体现了极强的防御思想，呈现"城墙环绕，南北两口，丁字巷纵横，文昌阁居中"的格局。平面呈类椭圆状，外围高墙环固，坚不可摧。南有正门，北有水门，城墙四周设马面、炮台、哨所等。文昌阁居中，居民院落依地形而建，环绕四周。城北低洼地带建后瓮城，沿瓮城建藏兵洞，并辟水门。

砥洎城被划分为十个街坊，相互之间由过街楼连接，坊名刻在过街楼上（图3-6）。如今过街楼已损毁多处，各街坊的形制与边界也已很难分辨。城中道路错综复杂，多为"7"字和丁字形，防御性很强。

---

1 砥洎城水门上书"山泽通气"。
2 详见附录1-8。

图3-6 镶嵌在过街楼上的坊名——世泽坊

图3-7 小八宅旁的高差

图3-8 "懿文硕学"院旁的三连门洞

城内地势较为平缓，略有起伏，东高西低，北高南低，东北城墙上的黑龙庙为全城制高点。小八宅附近有一处约为3米的高差（图3-7）；"懿文硕学"院旁的地势随着三个连续门洞而逐一降低，形成北高南低的坡地（图3-8）。虽然整体看来城内高差并不显著，但局部的变化使空间丰富多变，错落有致。

## 1.院落分布

旧时砥洎城内院落按家族分布，主要有张氏六甲[1]张瑇家族院落、五甲张敦仁家族院落、王崇铭王氏家族院落以及敕封鸿胪寺鸣赞郭登云的"鸿胪第"等（图3-9、表3-1）。

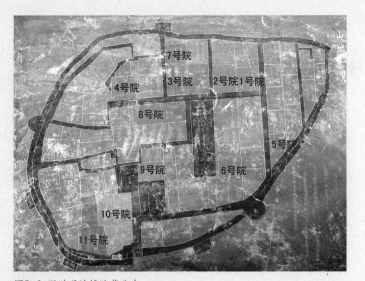

图3-9 旧时砥洎城院落分布

---

1 甲为旧时户口编制单位。

旧时砥洎城院落分布表 表3—1

| 家族 | 规模 | 各宅院分布 | 图中位置 |
|---|---|---|---|
| 张氏（六甲） | 张氏六甲有主宅院十座，此外还有附属宅院若干 | 一宅即大宅，现分为上下宅，之间有暗门，可联通 | 图中1号院与2号院 |
| | | 二宅为小八宅宅前院落，原院落已毁，现为新建平房。后墙为原有 | 图中3号院 |
| | | 三宅为有恒居西侧院落，院落形体不甚规整 | 图中4号院 |
| | | 四宅五宅六宅址已不可考 | |
| | | 七宅为世泽坊东靠城墙院落 | 图中5号院 |
| | | 八宅在砥洎城外，东岳庙后。1978年前后被毁，现仅留残址 | |
| | | 九宅为关帝庙东面院落 | 图中6号院 |
| | | 十宅亦在城外东岳庙后 | |
| | | 小八宅为张茂生居所，角上有四层望楼，为城中最高民居建筑。保存完整 | 图中7号院 |
| | | 敦伦居为陕西巡抚张璠故居 | 图中8号院 |
| 张氏（五甲） | 城内五甲宅院主要为"简静居" | 简静居为数学家张敦仁故居 | 图中9号院 |
| 王氏 | 城内王氏家族院落为"师帅府" | 师帅府为福建盐运使王崇铭故居，位于城门口附近，现已毁 | 图中10号院 |
| 郭氏 | 郭府宅院即为"鸿胪第"，是鸿胪寺鸣赞郭登云的居所 | 紧临师帅府，为三进院落，保存基本完好 | 图中11号院 |

## 2.街巷

　　因防御需要，砥洎城内多为"丁"和"7"字形巷道，显得错综复杂。现在的街巷基本上保留了明代形制，由南门起按方位可大致分为东胡同、中胡同、西胡同，此外，上城路与府胡同亦是城中重要的巷道。街巷多曲少直，四通八达，通过转折、坡度、宽度等变化形成丰富的空间（图3-10、图3-11、表3-2）。

图3-10 砥洎城街巷示意

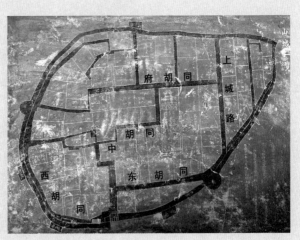

图3-11 "山城一览图"中描绘的街巷

砥洎城主要街巷一览表　　　　　　　　　　　　　　　　　　　　表3-2

| 序号 | 名称 | 起点 | 终点 | 基本情况 |
|------|------|------|------|----------|
| 1 | 东胡同 | 三官庙 | 上城路 | 东胡同约为直线，略有弯曲。住宅院落门前窄巷呈鱼骨形分布于街巷两侧 |

续表

| 序号 | 名称 | 起点 | 终点 | 基本情况 |
|------|------|------|------|----------|
| 2 | 中胡同 | 南门  | 府胡同  | 由南门入，北向直上，经多次转折，止于府胡同。中胡同曲折多变，与许多小巷道相互连通 |
| 3 | 西胡同 | 南门  | 上城门  | 入南门，向西沿城墙根绕行，经鸿胪第，止于上城门。西胡同呈弧形，宽2～3米不等 |
| 4 | 上城路 | 世泽坊  | 后瓮城  | 上城路为砥洎城内仅有的南北贯通的笔直巷道，偏于城西，经世泽坊向北直上，地势渐高，与府胡同衔接处有约半米高差 |
| 5 | 府胡同 | 上城路  | 小八宅前  | 府胡同为东西走向，因处于张瑃府址前而得名。宽约2.5米 |

砥洎城内的街巷并不能用一般的街巷等级进行划分，居住巷道与户前窄巷相互交织，往往在不可能的地方另辟蹊径，柳暗花明之感油然而生。此种设计源于建城之初的防御性需求，却使得砥洎城街巷空间丰富多变，富于趣味。街巷与院落入口关系亦错综复杂，主要有以下几种（表3—3）。

砥洎城街巷与院落入口关系　　　　　　　　　　　表3—3

| | 入口分布 | 示意图 | 备注 |
|---|---|---|---|
| 1 | 院落入口鱼骨状分布 | | 砥洎城内院落入口呈鱼骨状分布在道路两侧最为普遍，上城路及府胡同附近等都属这种形式 |
| 2 | 院落入口单侧分布 | | 西胡同院落入口单侧分布在巷道一侧，另一侧为城墙 |
| 3 | 院落入口端状分布 | | 端状分布较为少见，在城内呈点状分布。入院之前先入一拱门，行至巷端方现院落入口 |
| 4 | 其他 | | 还有一种类似于端状分布，但在院门旁另开一小门连接其他巷道。这种设计主要出于砥洎城巷道的防御目的 |

## 3.公共建筑

砥洎城内的主要公共建筑有关帝庙、文昌阁、三官庙、三清庙、土地庙、黑龙庙、祖师阁等（图3—12）。

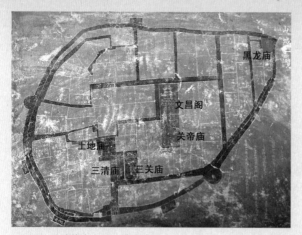

图3-12 砥洎城内主要公建分布

文昌阁位于砥洎城中心，阁楼3层，占地14米见方。现已毁，仅存基座。

关帝庙位于文昌阁的正前方。庙正北为大殿，虽然只有一层，但比两厢的两层楼房高出许多。殿门前建有月台，约3米见方，高1.2米，两厢是偏房，大门朝南，高大气派（图3-13）。

黑龙庙位于城东北角，城头座落着"白衣洞"，白衣洞之上倒座即为"黑龙庙"，是全城的制高点。庙

图3-13 关帝庙

西为顺治三年修建的后瓮城，东侧为深不可测的"黑龙汪"。黑龙庙东侧山墙上镂刻有两个五尺见方的大字"忘暑"，夏日午后，此处凉风习习，是城中居民避暑乘凉的好去处。

# 三、防御

与沁河沿岸大部分堡寨一样，砥洎城建设的初衷是为了抵御流寇袭扰，故以"居住"为本，"防范"为辅，因地制宜地构成住、防合一的聚落体系。砥洎城的修建有着很强的目的性与计划性，经过周密的规划，充分利用地形，形成了护城河——城墙——街巷——宅院的防御体系，且相对于物质层面的防御，在精神层面的软防御体系亦有其特色。

## 1.沁河

砥洎城依岩为垣、傍河而建，三面环水、南依村镇。城外沁河水流湍急，为其天然屏障。地理位置得天独厚、易守难攻，被誉为 "水围城"。砥洎城在滚滚波涛之中巍然屹立，凌然不可侵犯，单单看上去便能让入侵者心惊胆寒（参见图3-2）。城南面与润城古镇相连，连接部分只占城周长的1/4。

## 2.城墙

城墙是砥洎城等级最高、且作用最直接的防御构筑物，全长704米，绕城一周。与普通砖石砌筑的城墙不同，砥洎城城墙很大部分是以炼铁坩埚筑就的，既反映了沁河流域古代冶炼业的发达，又体现出民间因地制宜、利废为宝的巧妙创造。坩埚城墙坚固异常，在筑城史上实属罕见，砥洎城亦因此被誉为"蜂窝城"或"坩埚城"。

### (1) 城楼

南门是初建时唯一的出入口，楼高3层，高约15米，额书"砥洎城"（图3-14、图3-15）。城门左右各设炮台一座，集中兵力于一向，火力层层封锁，从而达到事半功倍的效果。下层城门洞高4米，宽2.3米，进深5米。门洞西侧有一间不足2平方米的石室，为守城人居住。过道设内外两道城门，每日入夜，守城人关闭前后城门，过道内自成一天地，

图3-14 砥洎城南门

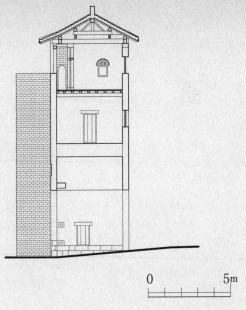

图3-15 砥泊城南门剖面

城内亦无法开门。外层城门之前原有一铁闸，两旁为石头垒砌，中间可供通行的宽度仅有1米。铁闸平日不用，若遇流寇扰袭，则放下铁闸，铜墙铁壁，无人得入。1958年因"大炼钢铁"，闸被拆毁，甚为可惜。城门"中层是弹药库，内存大炮、抬枪、鸟枪、火药、铁沙、火箭炮、飞碟等传统武器装备"[1]，建国初期仍保存完好，顶层城楼四壁开窗，内悬一铁钟，供日常计时，遇匪患时可报警，可惜也已不存在。

## (2) 城墙

砥泊城城墙"昼防流寇，夜防盗贼"，同时可防风阻水。城墙各段高度不一，南面外墙用青砖垒砌，高约10米左右，临河东、北、西面外墙选用青石与河卵石修筑，高约16米。内墙多用炼铁坩埚筑成，以石灰和炼铁渣调浆，坚固程度胜过当今的水泥砂浆，且随着时间流逝不断钙化，愈加坚固。一行行坩埚纵行排布，虚实相生，肌理整齐而丰富（图3-16）。为防御需要，城墙建有炮台、望楼、垛堞、藏兵洞等设施。城墙上原可通行，且与城门楼相通，便于环城巡视。

---

1 黄为隽、王绚、侯鑫，古寨亦卓荦——山西传统聚落"砥泊城"防御性规划探析，《城市规划》，2002年，第26卷，第10期，P94。

图3—16 张泊城城墙

城墙各段建造略有不同，见表3-4所列。

砥洎城城墙建造及现状一览[1]　　　　　　　　　　表3-4

| 城墙起止 | 材质 | 设施 | 高度 | 墙顶宽度（米） | 保存情况 |
|---|---|---|---|---|---|
| 南门城楼起向西至鸿胪第西侧石梯 | 外侧面青砖，内侧上部坩埚，下部鹅卵石 | 马面、炮台、藏兵洞、石梯 | 外墙高5～7米，内墙高7～8.5米 | 0.8～1.5 | 墙上杂草丛生，多处坍塌，已不可通行 |
| 鸿胪第西侧石梯至藏兵洞 | 外侧鹅卵石，内侧青砖 | 垛口 | 外墙8～12米，内墙1.5～5米 | 0.5～0.8 | 保存较完整 |
| 藏兵洞至小八宅屋后 | 外侧鹅卵石，内侧青砖 | 藏兵洞 | 外墙15～16米，内墙0～3米 | 2～6 | 已无垛堞，多处残破，但尚可通行 |
| 小八宅屋后至黑龙庙旁 | 外侧青石砌筑 | 瓮城、水门、藏兵洞 | 外墙8～17米，内墙3～4米 | 瓮城城墙1.5～4.5 | 瓮城为清代修建，墙顶与原城墙顶有6～10米高差 |
| 黑龙庙旁至世泽坊前水井处 | 外墙下部青石，上部青砖。内墙青砖 | 藏兵洞 | 外墙8～15米，内墙2～3米 | 2.4～5 | 城墙上较宽，可通行，垛堞已毁 |
| 世泽坊前水井处至南门 | 外墙青砖，内墙上部坩埚，下部鹅卵石 | 水井、马面、炮台 | 外墙高15米，内墙7～8米 | 3.5～5 | 城墙上较宽处甚至可种植庄稼，毁坏多处，不可通行 |

## （3）藏兵洞

藏兵洞主要分布在城东部黑龙庙前、西部上城门一带、后瓮城以及南门两侧马面炮台之下，用于战时士兵休息、居住、观察敌情、阻击敌人等。藏兵洞常常多个联排建造。洞口宽3～4米，进深4～5米，靠外墙一侧有瞭望口（图3-17）。

---

1 根据现场考察并参考华中科技大学、山西省阳城县润城镇人民政府，《润城古镇保护规划》中相关资料整理。

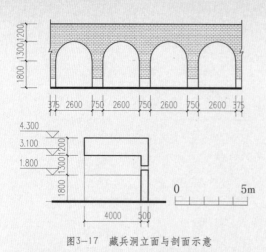

图3-17 藏兵洞立面与剖面示意

图3-18 砥洎城后瓮城

图3-19 砥洎城水门现状

**(4) 瓮城、水门、祖师阁**

　　清代顺治年间出于防御和风水的需要，村民集资在城北低洼处的石坡上修建了西北瓮城和北门（水门），占地两亩多（图3-18）。瓮城的修建增强了城北的防御，同时方便居民洗濯，也使南北脉气贯通，门额"山泽通气"即表明了这些作用（图3-19）。水门楼为五层，第一层为水门，最上一层为"祖师阁"，楼道外悬为看河亭。旧时沁河水流湍急，立于阁上，波涛之声不绝于耳。观河水之浩浩，感人生之戚戚，百感顿生。水门内城壁上密布藏兵洞，为古时养马及驻扎兵丁之地。

### 3. 巷道

　　砥洎城街巷布局出于"住防一体、平战结合"的理念（参见图3-10），路网形似迷宫，道路皆为"丁"字形与"7"字形，无"十"巷字直穿，并有多处尽端式巷道，有进无出。主要巷内还设有街门和过街楼（图3-20），有专人把守，层层把关，处处设防。城内道路与环城路巧妙相连，并与城墙顶部的环路一同构成立体的"视控"体系，便于防御和监视敌人。环路可作调动兵力的马道，便于快速直接地投入外围战斗，减少与城内居民的相互干扰。

　　因用地所限，砥洎城内建筑高大密集，街道更显幽邃、狭窄，形成了良好的防御氛围。巷道百转迂回，若陌生人初入其中，便觉如迷宫一般，定会迷失，而对于熟悉环境的人，多变的巷道恰又似隐形的路标，具有强烈的识别与导向性。

1. 为小八宅旁一牌楼上书"屏山"二字

2. 过街楼, 无名

3. 世泽坊

4. 三官庙旁的过街楼

5. 懿文硕学前三座过街楼随地势逐渐降低

6. 懿文硕学内一过街楼, 较隐蔽

图3-20 砥洎城现存过街楼

## 4. 院落

砥洎城内院落多为两进和三进, 以四合院居多。建筑青石叠基, 青砖筑墙, 灰瓦盖顶。正房多为三层, 厢房两层, 望楼三层或四层。院落空间尺度较为宜人, 门窗、外廊、檐柱、封檐、瓦脊等雕刻精美, 透出几分古朴与典雅。

院落外墙又厚又高, 无窗或只开小窗, 封闭感强, 非常适于安全防卫的需求。由于城内用地紧张, 院落相对窄小, 常常数楼并建, 有的院落正房角楼高起作"望楼", 兼有看家护院功能。另外, 街坊内的院落可以互相串通, 形成独特的串串院, 如世泽坊内几乎所有的宅院都可以相互联通。有些院与院之间在厢房或不显眼的地方留有暗门, 院门打开则把暗门盖住; 道路隔开的街坊院落又有"过街楼"相连, 过街楼横跨街道, 兼具联接与防

御的功能。有些院落地底下还有地道相连，形成立体防御。如"存其心"对面的院落中有地道，踏之其上，嘭嘭作响。平日各户自成独院，一旦兵祸发生，则串连成一体，并可转入地下，从而能够有效保护自己，打击入侵者。

## 5.软防御

所谓软防御，即心理防御，可为使用者带来心理慰藉，同时给入侵者以精神震慑。在软防御方面，砥洎城亦自有其道。

### (1) 风水观念

整个城池东北高西南低，乾主巽门，坐阳朝阴，城内院落皆按八卦方位为序，朝向充分考虑地势与风水因素。宅院方位一般分为乾主坤门，震主乾门，离主乾门等形式。例如，简静居为离主乾门、小八宅为乾主坤门、有恒居则为震主乾门。封闭的堡墙、双重的城门皆含有藏风纳气之风水理念。后加修瓮城与水门，亦有风水经营的因素。风水术的运用，除了迷信色彩外，有一定的科学内涵，强调了良好人居环境的选择。在严酷的生存环境下，古人运用风水观念，利用自然及地理优势，使得其生产生活有了心理上的保障。

### (2) 宗教庇佑

砥洎城地窄人稠，院宅密集，但与其他传统聚落相比，庙宇及宗祠建筑不仅未因用地紧张而减少，反而数量更多，规格颇高，这无疑是动乱年代求安心理的体现。城内分布着"关帝庙"、"黑龙庙"、"三官庙"、"三圣殿"、"土地庙"、"文昌阁"、"祖师阁"等庙宇，为民祈福，确保平安。

### (3) 象征性构件

砥洎城从聚落到院落各个层面广泛分布着大量形象各异、作用相近的象征性构件，如石狮、石鼓、石匾、泰山石敢当、影壁、风水楼等，瓦当、屋脊、门额等处的吉祥纹样也起着驱邪镇宅的作用，寄托着居民祈求平安和消灾祝福的美好愿望。它们分布在空间的各个节点，丰富着聚落的精神防卫系统。

居住建筑

JUZHU JIANZHU

# 一、概述

润城人常说："人生三件大事：盖房、结婚、生孩子"。物质是基础，在中国古代农耕社会，农民只有手里攥着几间自己的房子，才有了安稳生活的条件。润城古代商业和手工业发达，富甲一方的商人不少，他们手里攒着大量的财富却拥有极低的社会地位，于是宅邸便成了他们心声的表达和地位的显示。对于乡绅士大夫、为官者而言，官邸更是衣锦还乡、光宗耀祖的标志。因此，古时的宅院不单单是灰墙土瓦的建筑物，还被贴上了文化的标签，是人们的精神家园。

润城古镇虽然周边皆是山，但内部较为平坦，地形起伏不大，民居多采用砖木结构。从周边山上望去，青山环绕中的建筑围合成一个个封闭的"口"字形院落，同街巷有机地组合在一起。润城古镇现存的住宅院落以明末清初时期的建筑风格居多，有单个院落和院落群两种形式。

单个院落可以分为单院、两进院和三进院。所谓"单院"就是一个院子，四四方方的院落一目了然。两进院子是两个院子纵向延伸，第一进和第二进院落之间多以过厅相连。有时因为宅基地的限制，第一进稍小，作为街巷到第二进院落之间的过度，多用做牲畜饲养或下人生活，第二进较大，建筑更加气派、用材更为讲究、雕刻也更加精美，是主人生活会客之所。三进的院落有在厅房院前附加一个书房院的，也有在内院后面修建阁楼或者花园的，这种形式在润城现存较少。

院落群是若干院落的组合，如三门街郭家院落群、南边街以"皇明戚里"院为代表的张家院落群等。院落群以宗族血脉为联系纽带，占地较广、规模较大、建筑等级分明、功能布局清晰，或设有专门的厅房院、马房院、书房院、内院、客人院、花园等。由于历史的变迁，如今这些院落群已被分割成若干个单独的院落，难追以往的格局。

## 1.建筑

润城古镇的居住建筑以砖木结构为主，多用木材和青砖砌筑，简洁朴素。最为常见的是面阔三间[1]，进深五檩，双坡硬山顶，抬梁式木构架——主梁搭在柱上或墙上，梁上架檩，檩上架椽，椽上铺望砖或望板，再上覆瓦片。有些的梁架上还用叉手，形成三角屋

图4-1 有廊柱的正房（职思居）

架，使结构更为稳定。此外，润城人还创造出颇具特色的坩埚墙——用石灰、黏土等粘合材料将废弃的炼铁坩埚垒砌起来，变废为宝，坚固耐用。

## （1）正房

正房是一个院子中最主要的建筑，占据最佳方位，是一家之主的起居之所，在层高、面积、装饰等方面都显出其重要性。

正房多为二至三层。若为二层，多以青砖和槅扇维护，最常见的是一层当心间镶嵌四扇槅扇门，两次间开窗；二层通常有檐廊，宽约1米，三间通长。有的正房一层前檐廊有柱子支撑（图4-1），有的没有廊柱，二层走廊则直接从悬臂梁出挑（图4-2），梁头或作麻叶状等雕刻，或护以雁翅板。走廊外侧为木栏杆，样式不一，装饰感强。

---

1 也有面阔五间，如厅房院；面宽七间，如小八宅。

正房若为三层，则更加高大，凸显在整个院落中的地位。二层或设檐廊，个别正房三层也有檐廊。

正房底层多用作居住和起居（图4-3）。明间墙壁上常有字画对联，或明志或怡情。靠墙设条案一张，上面供着排位，案前置一八仙桌，左右各放一把椅子，简单却不失文雅（图4-4）。左右次间通常用

图4-2 无廊柱的正房二层（衍庆居）

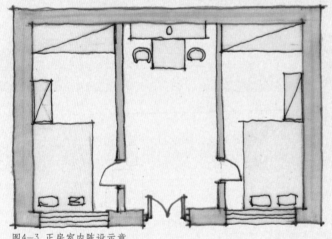
图4-3 正房室内陈设示意

图4-4 职思居正房室内陈设

作卧室，靠窗各设一个大炕，一般是家长带着未成年子女居住，这种格局被称为"一明两暗"。正房二层一般做贮藏之用，若家里人多住不下，也会用来居住。

**（2）厢房**

厢房多为成年子女居住，二层三开间，双坡硬山顶，一层住人，二层储物。格局与正房一样，一明两暗，陈设也与正房类似，唯稍显随意。

图4-5 厢房和正房之间形成跑马廊（小八宅、有恒居）

图4-6 郭宅内院东厢房

厢房形制比正房略低，高度也较低，因此正房的屋檐多搭在厢房屋檐之上。厢房也有带前檐廊和不带前檐廊之别，如果有前檐廊，则其形制和正房相同或相似，但因厢房层高小于正房，因此前檐廊也较正房略低。厢房的前檐廊有独立的，也有与正房和倒座的相连形成跑马廊的（图4-5）。如果没有前檐廊，则厢房的立面多为一整面砖墙，上下对齐、左右对称地开门窗洞口，镶嵌素木门窗，构图简洁利落（图4-6）。

### （3）倒座

倒座一般位于院落南侧，与正房相对，也是三开间，层高介于正房和厢房之间。倒座立面与正房类似，以木门窗为主，少有素面砖墙，二层多有檐廊（图4-7）。倒座两边的耳房通常处理成入口和厕所。厕所通常很小，只有一个蹲位，下面是粪池，临街巷的一面墙的墙根处挖一券洞，作为出粪口。平时用石板或木板遮住，可遮掩臭气，清理时移开，十分方便（图4-8）。

图4-7 梁家院倒座

图4-8 街巷的出粪口

## 2.院落

### （1）庭院

庭院是建筑四面围合的结果，在人们的生活中有着举足轻重的作用。民居中的院子，是一片有归属感的天地，是家庭中的自然。庭院的开敞和建筑的封闭正好一阴一阳、一正一负形成互补。居民洗了衣服绳在院子里晾干，收了玉米坐在院子里剥粒，小孩在院子里读书，大人端一碗面蹲在院子边吃边聊，上了年纪的老人弄弄花草，或者搬一把太师椅晒晒太阳，打发午后的时光，惬意而悠闲（图4-9）。

润城古镇民居的庭院多为方形，边长从7米到9米不等，院中的铺地为青砖或20cm见方的方砖。很多宅子因为年代久远，地面已不复平整，砖石夹缝间长出幽幽的青草与苔藓，

图4-9 午后的庭院

图4-10 庭院绿化

图4-11 向着街道的出水孔

透着一股沧桑。根据当地习俗，院子中心或摆放一簇盆栽，如兰花，月季等，或以砖石垒砌半米高的小方台，再把盆栽放置上面（图4-10）；有的庭院会种些石榴等观赏树木，盛夏时节，红花绿树，为院子增添许多生机。门第显赫的家族，正房前有月台，一定程度上体现正房的地位，还可以用作表演等活动[1]。院落地面比四周建筑低一到两级台阶，角落处留有排水孔，方便雨水的排出（图4-11）。

院落形制为四大八小。四大，是指东、西、南、北四面各有四间大房，即正房、东西厢房和倒座；八小，是指每个大房山墙旁又各有两个耳房，也称"厦房"，一共八个（图4-12）。有时因为基地大小等原因，只在合院四角各建一间厦房，形成"四大四小"，又称"紧四合"。有的院落没有倒座和两边的耳房，

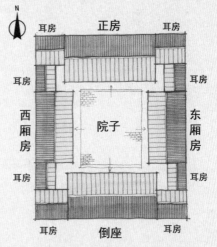

图4-12 "四大八小"示意

---

1 润城有月台的院子有三个：皇明戚里、上宅和下宅。

图4-13 上宅的风水楼

取而代之的是一面院墙，即为三合院，因其形制如同簸箕，也称"簸箕院"。

此外，不少院落正房一侧的耳房会高出正房一至数层，形成"风水楼"（图4-13），为的是挡住"北煞"，左右位置由风水堪舆决定，顶层多供奉着"老爷"。

## (2) 入口空间

从街巷到院落，空间从公共到私密，通过入口空间进行过渡。入口空间的组成和性质受住宅等级和基地大小等影响，有时是简单的一个牌楼或屏门，如"花萼相辉"院因宅基地有限，入口仅用一个屏门；有时由甬道、院子、门等要素组合成空间，如郭宅，入口空间顺次设有三道门，二门旁边还设有供休息的房间。

在入口的空间中，大门是一个重要的标志，既划分了空间，又表明等级。主人背景如何，不进院子，从入口大门便能略知一二。润城古镇居住院落的大门主要有三类：牌楼式大门、门洞式大门和拱券式大门。

　　牌楼式大门往往是双柱单开间两坡顶的木制牌楼。这种门楼一般规模相对较大，造价较高，使用者非官即商。层层出挑的斗栱，雕饰精致的细部等，都昭示着主人的身份非同凡响。

　　郭宅的门楼是典型的牌楼式大门，建造讲究，等级很高。郭家原为官宦之家，宅院位于黄金地段，宅门自然不能马虎。大门的原貌不得而知，但现在留存的三门已经十分宏伟。三层斗栱挺立，吻兽清晰可见（图4—14）。

　　再如鸿胪第的门楼，虽不及郭宅的门楼宽大，但宏大的斗栱和精细的雕琢使其更显威风，丝毫不减当年（图4—15）。

　　门洞式大门多设在倒座一层，宽2～3米，多用简单的木制板门，门匾位于板门之上，较为简洁（图4—16、图4—17）。门洞式大门通常左右都有房屋，所以整个大门显得进深较大，深邃厚重，装饰也不繁杂。这种门楼更适合寻常百姓家，特别是在居住巷道里的采用的较多。

图4—14 郭宅牌楼式大门

图4—15 鸿胪第牌楼式大门

图4-16 门洞式大门（"花萼相辉"院）

图4-17 门洞式大门（有恒居）

图4-18 拱券式大门

拱券式大门多为随墙门，等级相对较低（图4-18）。门匾在拱券上，多用砖雕。

大多数院落设有影壁，有的位于大门外，有的位于门内，具有空间转折、遮蔽视线等作用，风水中解释为避免气冲，还起到一定的装饰作用。

有的院落入口空间不仅有大门，还设有二门。一般情况下的二门也都为简单的木制板门，形成入口空间的节点。有些院落在二门处也会设置一面简单的随墙影壁。大门和二门的位置关系，主要可以分为两类：彼此同向和相互垂直。彼此同向是指大门二门开的朝向是一样的，但是之间的缓冲空间又大致有三种：大门与二门在一条直线上；大门与二门由一个院落空间相连；大门与二门通过甬道相连等。相互垂直是指大门、二门的朝向是垂直的，流线形成一个转折。这样的布置使院落的生活空间更加隐蔽，私密性更佳（表4-1）。

| 类型 | 大门、二门同向 | | | 大门、二门垂直 |
|---|---|---|---|---|
| | 大门、二门位于同一直线 | 大门、二门错开 | | |
| 平面形式 |  |  |  |  |
| 分析 | 大门与二门在同一条直线上，大门正对院外照壁，二门正对院内照壁，轴线加强了进深感 | 大门与二门同向但错开，两门各正对一个照壁 | 大门与二门同向但错开，大门内外照壁相对，大门与二门之间通过一条甬道过渡 | 大门与二门垂直，大门正对内照壁，通常适用于东西向大门和南北向院子的过渡 |
| 实例 | 衍庆居<br>鸿胪第 | 职思居 | "皇明戚里"院 | 厅房院、小八宅、郭宅、上宅、马房院…… |
| 照片 | <br>从衍庆居大门看二门 | 从职思居大门看二门 | "皇明戚里"院大门和二门之间的甬道 | 小八宅大门和二门之间 |

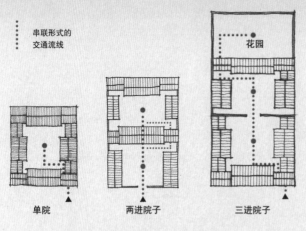

······· 串联形式的
······· 交通流线

单院　　　两进院子　　　三进院子

图4-19 单个院落的水平交通流线

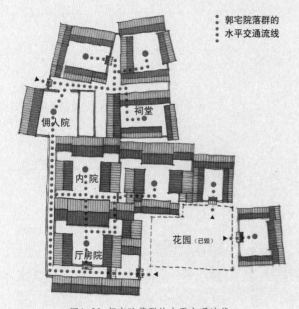

郭宅院落群的
水平交通流线

图4-20 郭宅院落群的水平交通流线

### (3) 交通组织

在院落水平方向的交通组织上，一般单个院落，无论几进的院子，流线始终是纵向串联的（图4-19）；而在院落群中，宅院之间纵向和横向都有联系，流线纵横交错（图4-20）。院落之间通过甬道、过门、牌楼等元素相连，它们既是院落的界定，也是院落的连接点。

润城古镇民居建筑多为二层或三层，院落的竖向交通是通过楼梯实现的。楼梯有三种处理方式：

一种是建筑一层次间前廊下，直接贴墙设置一个木楼梯到达二层檐廊，这样的楼梯多用于二层有檐廊的建筑前。

第二种是位于"八小"处，贴厢房山墙设置台阶。台阶多窄而陡，踏面宽不足20厘米，而踏步高却大于20厘米，仅容一人上下。有直接木楼梯上去的；有下面几阶用条石、上面用木的；也有全是条石，而台阶下用拱券支撑的。设置在厢房山墙的楼梯往往可以同时连接正房和厢房，但因天井的大小、正房厢房之间的距离不同，楼梯的布置形式也略有变化。

还有一种是直接在室内设置木爬梯到上层。这样的楼梯形式多用于二层或以上的竖向交通。爬梯下部搁在下层楼板上，上部搭在上层楼板的梁上（表4-2）。

| 类型 | 平面 | 宅院 | 照片 |
|---|---|---|---|
| 楼梯位于建筑檐廊下 | 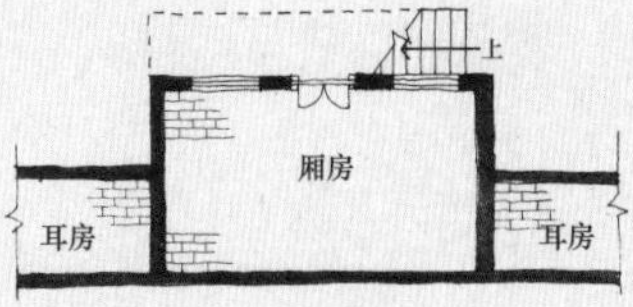 一层平面 | 有恒居<br>上宅<br>"皇明戚里"院<br>鸿胪第<br>厅房院<br>…… |  |
| 楼梯位于"八小"处 | 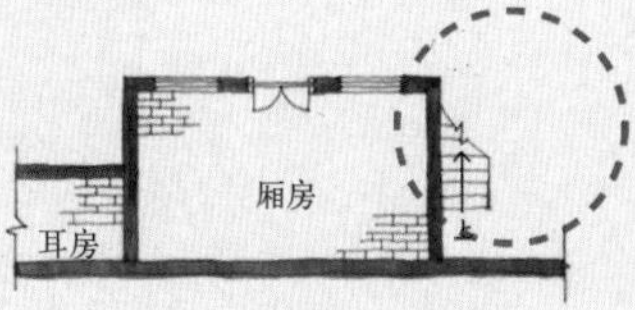 一层平面（注） | 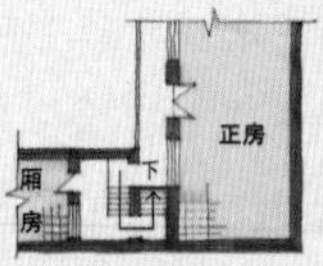 二层平面节点 敦伦居 | |
| | | 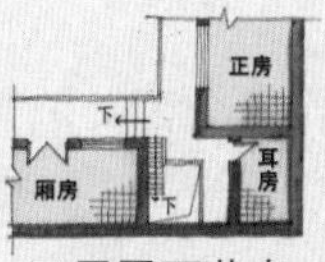 二层平面节点 职思居 | |
| | | 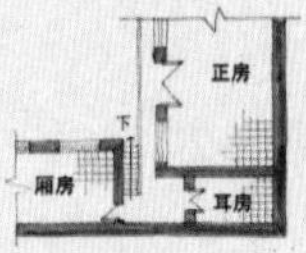 二层平面节点 "花萼相辉"院 | |
| | | …… 衍庆居<br>敬近居<br>…… | |
| 楼梯位于室内 | 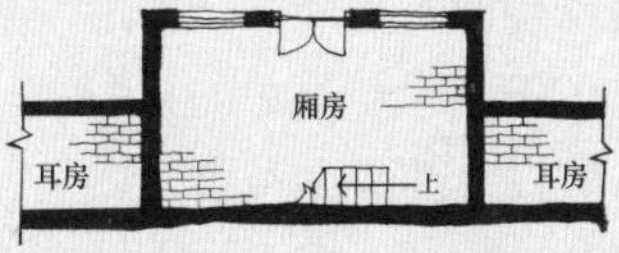 | 郭宅<br>小八宅<br>有恒居<br>…… |  |

注：当楼梯位于"八小"处时，建造时应该先将主体建筑——正房、厢房和倒座安排好，剩余的天井用作竖向交通。因此，天井的有无、大小，都决定了楼梯的形式，故形成了多样的楼梯布置形式。

　　总的来说，润城的民居风格古朴而含蓄，从街道上往往只能看到青砖的立面，间隔一段距离会出现一个半掩的木门。推门呈现在面前的是规整的院落、精美的雕饰、苍绿的古树和娇艳的红花，不禁让人眼前一亮。建筑建造、装饰，体现出高超的设计水平和精湛的工艺，极具地方特色。这其中具有代表性且保存完好的院落有郭宅、职思居、"皇明戚里"院、上宅等（图4-21，表4-3）。

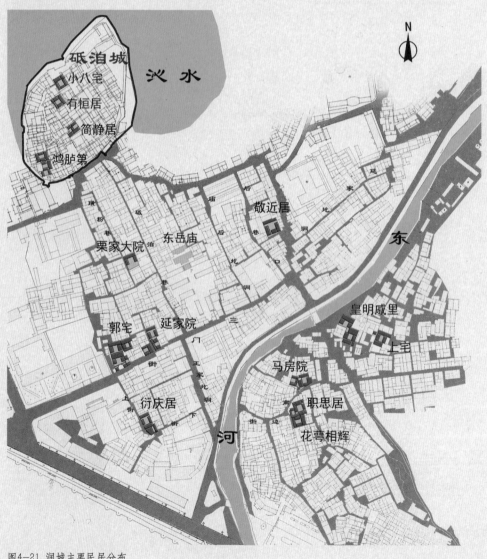

图4-21 润城主要民居分布

| 序号 | 名称 | 始建年代 | 结构 | 院落类型 | 层数 | 占地面积 (m²) | 概况 |
|---|---|---|---|---|---|---|---|
| 1 | 郭宅 | 清代雍正三年 | 砖木 | 多进院落群 | 二、三 | 约960 | 位于三门街。规模宏大，曾有内院、佣人院、马房院、花园等多进院落。现有四个院落保存完好 |
| 2 | 职思居 | 清代 | 砖木 | 两进 | 二、三 | 约450 | 位于南边街。院落保存完整，格局方正，二层有檐廊，木雕精美 |
| 3 | 延家院 | 清代 | 砖木 | 三进 | 二 | 约400 | 位于三门街。长条形布局，局部有改建 |
| 4 | 衍庆居 | 清代 | 砖木 | 一进 | 二 | 约300 | 位于下街。院落方正，院中二层檐廊扶手雕刻精美，保存完好 |
| 5 | 小八宅 | 清代康熙十五年 | 砖木 | 一进 | 二、四 | 约320 | 位于砥洎城。张茂生故居。院落方正，有四层高的望楼。二层有檐廊 |
| 6 | 有恒居 | 清代 | 砖木 | 一进 | 二、三 | 约280 | 位于砥洎城。院落呈正方形。二层有前檐廊。正房室内梁上有祥云状驼峰，木雕精美 |
| 7 | "皇明戚里"院 | 明代万历年间 | 砖木 | 两进 | 二、三 | 约720 | 位于南边街。厅房院正房有月台，过厅高大讲究，院内雕刻精细，内院有望楼 |
| 8 | 上宅 | 不可考 | 砖木/窑洞 | 一进 | 一、二 | 约400 | 位于南边街。正房现为三眼窑洞，前有月台。院内五层高的"鸽楼"是润城古镇最高的建筑 |
| 9 | 马房院 | 清代 | 砖木 | 并列两院 | 二 | 约550 | 位于南边街，是清代诗人张树佳（父）、张晋（子）、张域（孙）、张爽（孙）的故居。两进院落并排相连，较为规整 |
| 10 | 敬近居 | 不可考 | 砖木 | 一进 | 二 | 约430 | 位于后巷口，又称板棚邸。院落方正，倒座和东厢房后都有滴水圪洞。西北天井里有一口井 |

第四章

居住建筑

| 序号 | 名称 | 始建年代 | 结构 | 院落类型 | 层数 | 占地面积 (m²) | 概况 |
|---|---|---|---|---|---|---|---|
| 11 | 栗家大院厅房院 | 不可考 | 砖木 | 一进 | 一、二 | 约350 | 位于璜粉巷,建筑讲究气派,门口有石狮两座,牌楼式大门木雕精细。院墙朝内形成两砖雕影壁,厅房高大气派 |
| 12 | 简静居 | 清代 | 砖木 | 二进 | 二 | 约250 | 位于砥洎城,为清代数学家张敦仁的故居。主院为三合院,正房高大气派,木雕保存良好,雕刻精细 |
| 13 | "花萼相辉"院 | 清代乾隆年间 | 砖木 | 一进 | 二 | 约250 | 位于南边街。院落方正。正房二层已塌落 |
| 14 | 鸿胪第 | 不可考 | 砖木/窑洞 | 三进 | 二 | 约640 | 位于砥洎城。为清代鸿胪寺鸣赞郭登云故居。第二进院子正房现为窑洞。其余均为二层楼房 |

# 二、实例

## 1.郭宅

### (1)整体布局

郭宅位于三门街街口,从现在的镇中心广场沿街而上,街边第一家就是郭宅(图4-22)。郭宅是清代保定府束鹿知县郭鹏举的宅邸,现存四个合院,西侧的两进院子保存较好,东面的一进院子已分出,后为石姓人家居住,改称石家院。再往东还有一个三合院,也有独立的院门。据居民介绍,郭宅原来还有马房院、书房院、花园、佣人院等辅助院落(图4-23),惜已不存。

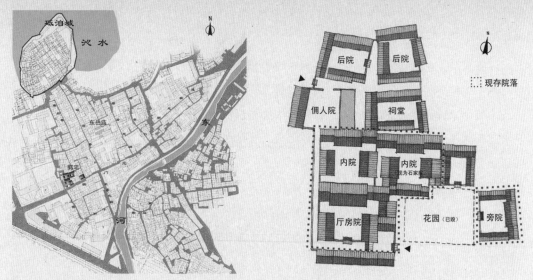

图4-22 郭宅地理位置

图4-23 郭宅原貌猜想图

现存院落

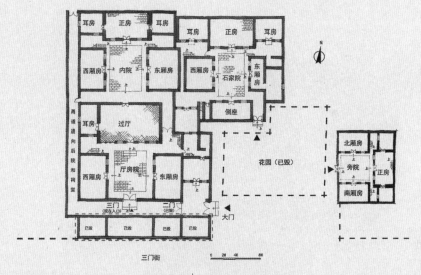

图4-24 郭宅一层平面部分复原图

## (2) 空间分析

郭宅虽然临街,但是大门并不朝向街道,而是设在东南角,进入大门后,沿一条甬道,经二门,抵三门,右转入院 (图4-24)。甬道和街巷隔一排二层楼房,三百多年来,郭宅大院便隐藏在这高墙灰瓦之后。文化大革命期间,二门和沿街建筑被拆除。三门前建造了一面简单的八字影壁，原来的甬道被影壁堵住，三门直接显露在街上，大门便不再使用。

现在郭宅的入口为原来的三门，两柱单开间牌楼式大门，面宽4.6米，双扇板门，双坡屋檐，屋脊高7.5米，上有莲花状脊饰，龙头脊兽，木雕悬鱼，栩栩如生。屋檐下内外各有三朵重昂五踩斗栱，麻叶耍头；有飞椽，出檐达1.6米（图4-25）。门匾背面上书"敕封文林郎束鹿知县乡饮正宾郭鹏举"，下书"敕授文林郎直隶保定府束鹿县知县内升主事加二级记录两次康熙丁卯科经元郭如璞"；正面书写四个大字"福赡双怃"。关于这个牌楼，民间还流传着一个故事。郭如璞是康熙丁卯年间的举人，曾任河北束鹿县知县。某年旱灾，郭如璞因救济灾民而私放皇粮，遭同僚妒者举报，龙颜大怒，将其斩首。百姓得知后，不断上访，皇上下令复查，得知真相后，为弥补过失，便赐予宅邸，并封其父郭鹏举为文林郎束鹿县知县。但郭家失亲之痛难以平抚，所以修建此牌楼，上书"福赡双怃"，以为铭记。"怃"者，恨也，表明郭家人虽然得了皇恩，但灭亲之痛难以随风[1]。门前左右原各有一个小石狮，现只剩基座。

郭宅第一进为厅房院，因过厅而得名（图4-26）。过厅面宽三间，进深五檩。前后都有门，可穿堂而过，故名"过厅"。原来柱间都为槅扇门，现在除了西侧次间外，都改以砖墙填充，墙上再开门窗。屋内大梁上绘有飞龙图案，地面方砖以45°斜铺。过厅东侧有过道，当有尊贵的客人来时，便在过厅暗面设宴；平时则由过厅东侧过道通往内院（图4-27）。

图4-25　郭宅入口牌楼细部

<hr />

1 参见田澍中、贾承健所著《明月清风》，山西古籍出版社，2007年。

图4-26 郭宅厅房院

图4-27 郭宅由厅房院通往内院的过道

第二进是内院，为主人生活休憩之地。内院正房高三层，颇为气派，青砖垒砌。两侧耳房也为三层。正房一二层为券式门窗，第三层当心间镶嵌四扇槅扇，下有扶手栏杆，可供凭栏远眺，两侧为方格窗（图4-28）。在三层的花梁上写着"康熙□年""宅主敕封文林郎郭鹏举"等字样，金檩上有 "□雍正三年岁次已巳三月拾有玖日辰时起建孙郭重□"等字样[1]。东西厢房皆高二层，三开间无檐廊，一层中间设门，两边各开一窗，二层上下对应位置开方格窗。"文革"时期，内院用作公社食堂，如今东西厢房立面上，还有"食堂内饭热菜香"、"社员们心情舒畅"的白色粉刷字样（图4-6）。

郭宅现存的两进院落从空间上来看，形成高—低—高—低—最高的变化：牌楼（一层高）—庭院—过厅（两层高）—庭院—正房（三层），让人体会到空间的层层递进，直到最后三层的正房达到高潮。院落的起伏表达了建筑的文化内涵和一定的秩序。高低错落的纵剖面不但显现出院落的气势，也是封建社会中国乡镇生活的一个投影（图4-29）。

第二进院落东侧并列有一个四合院（现在称石家院），原通过过厅旁的通道相连，现门洞已被堵住，两个院子不再相通。石家院的院门朝南，建筑均为二层，大门设在倒座东耳房处（图4-30）。

---

1 正脊檩上所写为郭如璞之父被封官的时间，而北边的金檩上记录才是其子雍正年间修建的郭宅的时间。

图4-28 郭宅内院正房

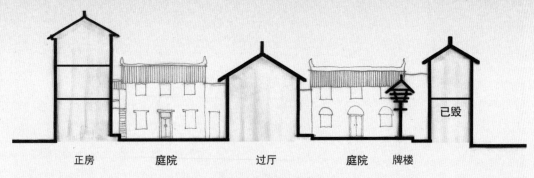

正房　　　　庭院　　　　过厅　　　　庭院　牌楼

图4-29 郭宅剖面示意

图4-30石家院现状

图4-31郭宅旁院

石家院东侧还有一个东西向的三合院，原为郭宅旁院，正房三层，坐东朝西，现已独立出去（图4-31）。

## 2.职思居

### （1）整体布局

职思局位于南边街，据现在的居民介绍，是康熙年间的一个商人所建（图4-32、图4-33）。两进院落，拱券式大门朝西，内开双扇板门，"职思居"三个大字刻在门上正中。入口立面处理得很简单，除了二层等距地向外开有四扇木窗，其余都以朴素的青砖墙

示人（图4-34）。

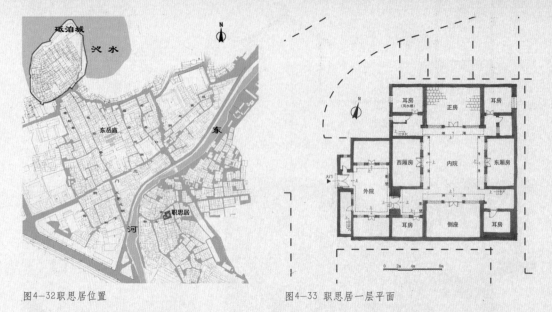

图4-32 职思居位置                 图4-33 职思居一层平面

## （2）空间分析

　　职思居外院为三合院，南北长6米，东西宽5米，过去供下人居住，所以等级和规模上
都较为简单。大门朝西，上两步青石台阶，穿过门洞，便进入外院（图4-35）。进门正对
着一面砖雕影壁，宽2.3米，高3米，上部砖砌仿木檐口，造型简洁大方，壁面衬以六边形
花纹，中间阳刻一立体"福"字。外院建筑均为二层，双坡硬山顶，东面即内院西厢房。
南北房一层中间开双扇木门，两边各开一方格素木窗，二层中间开一个长方形窗。现在南
面和北面的一层各住一户人家，西面为厨房和储藏，二层没有住人，只做储藏。厨房内有
木楼梯可以上到二层，并且与南面二层相通。北面的二层从外部搭一个扶梯上去，内部与
门楼相通。

　　二门位于外院东南，也就是内院倒座和西厢房的相接处，与大门同向但错开。门楣上
四个门当，门匾上依稀有4个大字，但因年代久远，已模糊不可辨。二门正对内院倒座西山
墙，墙面砖雕仿木影壁，装饰菱形图案，较为简洁。二门既起到空间上的收缩，又有光影
透过，一暗一明的对比，给人豁然开朗、别有洞天之感。随墙影壁提示了空间的转折，左
转即进入内院（图4-36）。

图4-34 职思居大门

图4-35 职思居外院

图4-36 职思居二门

　　内院为四合院，由正房、东西厢房和倒座组成（图4-37）。正房两侧耳房为三层，其余建筑都为二层。正房和倒座为悬山顶，其余为双坡硬山顶。正房、厢房、倒座均有前檐廊，四面相通形成环廊。由于正房和倒座均高于厢房，所以厢房同正房和倒座的廊子有三步台阶的高差。木栏杆原有彩漆，但已褪去。

　　庭院长约9米，宽约7米，过去的铺地已经损毁，现铺20厘米见方的红砖。庭院中间放一圆桌，上摆几盆葱绿的盆栽，勃勃而有生气。周边随意摆放几把靠椅，供休憩纳凉。

　　正房坐南朝北，位于两级条状青石台基上，三开间，一明两暗。当心间四扇槅扇门，次间各开一槛窗，左右对称，门窗的格心与绦环板都处在同一水平线上，十分规整。正房前有檐廊，宽约90厘米，只在当心间立廊柱两根。廊柱原来外覆黑色裹布漆，可防水防腐，但经过二百多年的风雨，现已剥落，露出素木本色。廊柱下为石雕柱础，雕刻拙朴，前廊回字形雀替造型优美。正房两侧的耳房都是三层，耳房二层可沿正房山墙的小廊子进入，三层从二层里面搭小而陡的楼梯上去。东耳房只比正房略高一点，第三层其实是个小夹层。而西耳房是全院最高的建筑，按照风水堪舆理论，可以挡住"北煞"。里面原来供有"老爷"，文化大革命时期被清除，现已空置。

　　文化大革命期间，院子里上上下下总共住了50多口人，于是在两个厢房的次间前面都加了一个小砖房作为厨房，并且沿用至今。倒座的格局跟正房一样，据院中居民介绍，倒座原为主人会客之用，日本侵略者曾入住，原来两扇窗已毁，现在勉强用铁丝网糊上，仅用以储物，不免让人心生遗憾。

　　职思居的木雕十分精致，除了雕刻精美的雀替之外，檐廊阑额上也有木雕。正房和倒座阑额的雕刻以花为主题，或为牡丹，或为莲花，或为月季，一块木雕刻一朵花，皆取怒放之态，外轮廓随花型而定。时至今日，花瓣仍瓣瓣可数，栩栩如生（图4-38）。厢房阑额上木雕统一为方形，内容或为琴棋书画，或为兰花香炉，各不相同（图4-39）。雁翅板雕"寿"字图案，四周有游龙环绕，形态生动。

图4-37 职思居内院

图4-38 职思居木雕（一）

图4-39 职思居木雕（二）

## 3.延家院

### (1) 整体布局

延家为润城四大家族"延张翟杨"之一，宅院位于三门街边，与郭宅以礼让巷相隔（图4-40），现存三进南北向院落（图4-41）。紧邻三门街的为书房院，向北依次是厅房院和内院，三进院落以过厅、巷道互相连通。延家院朝西侧礼让巷开两个门，厅房院大门为主要出入口，书房院亦单独设门，门上砖雕匾额上书"籯齋"二字。

图4-40 延家院位置

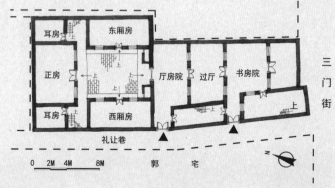

图4-41 延家院一层平面

图4-42 延家院书房院

### (2) 空间分析

书房院和厅房院都没有东厢房，规模也较小，显得有些拥挤（图4-42）。两院的建筑均为二层，除了书房院西厢房为卷棚硬山顶外，其余均为硬山双坡顶。现在书房院临三门街一侧的建筑一层为店铺，二层用作储藏。

内院比较方正，占地14米见方，正房、厢房和倒座均为二层。倒座进深仅1.8米，一层设门，二层为过道，倒座进深的减少使中间的庭院呈长方形。仅正房有耳房，厢房与倒座二层相连，没有天井，室内设楼梯。正房二层有出挑檐廊（图4-43）。

# 4.衍庆居

图4-43 延家院内院

衍庆居位于上街与下街交界的三眼拱券处（图4-44、图4-45）。据正房花梁所记，修建年代为清代道光十九年（1840年）。主体院落南北向，是典型的"四大八小"的格局（图4-46）。大门开在院墙上，为拱券式，沿券饰有火焰纹雕花，线条流畅，精致逼真，券门上一砖雕匾额上书"衍庆居"三字（图4-47）。门上砖墙有双坡屋檐，气派雄伟。门外有一面带檐照壁，因年久风化，雕刻已模糊不清。

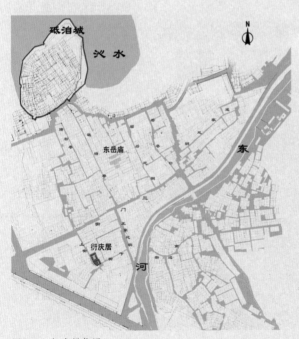

图4-44 衍庆居位置

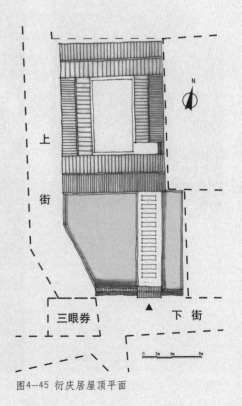

图4-45 衍庆居屋顶平面

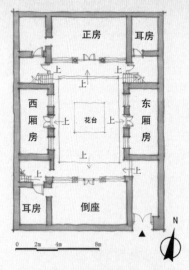

图4-46 衍庆居内院一层平面

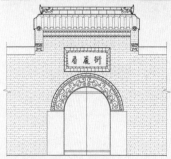

图4-47 衍庆居大门

大门与二门之间有一条8米长的甬道（图4-48），通道两侧分别为一排一层的平房。一侧为厕所和饲养牲口，一侧为旧时佣人房。因为宅基地处于街巷转角，被街巷占去一角，前面的基地面积不够修建一个完整的院落，因此采用这样的处理方式。二门为门洞式，门匾上写着"安于朴"三个大字。前额枋下有回字雀替、祥云雕花等装饰（图4-49）。二门正对东厢房山墙，墙上附一座雕刻精美的影壁，宽2.3米，高2米，祥云饰边，间中有一幅幽竹小桥之图，寓意深远（图4-50）。因为大门、二门、照壁位于一条轴线上，两门之间还有一条方砖铺地，指向性明显，使得前院的进深感加强，

图4-48 衍庆居大门与二门之间的甬道

图4-49 衍庆居二门局部

宅基地虽小，但"深宅大院"的意向却呼
之欲出。

内院方整，四面建筑均为二层三开
间，砖木结构（图4-51）。除正房位于
两步青石台阶上，其余均高出庭院一步台
阶。正房和倒座二层有挑廊，装饰比较讲
究。门窗为三角满天星带艾叶菱花，挑梁
上贴木板，有线条流畅的云海纹样，竖条
形花式栏杆，栏板雕有"寿"字。正房二
层挑廊额枋上共有斗栱七攒，显示出院落
较高的等级。

图4-50 衍庆居影壁

图4-51 衍庆居内院

# 5. 小八宅

　　小八宅位于砥洎城北（图4-52），为张珣之子张茂生所建。因建房之前东岳庙后有"八宅"，故名"小八宅"。小八宅为单院，布局方整（图4-53）。院门朝西，进门一条甬道，甬道尽端砖墙上刻"天然居"三个大字，左侧便是二门。二门设在内院倒座一层中间，双扇板门，门旁西侧外墙上有简单六边形纹理的影壁。

　　主宅院坐北朝南，建筑均为砖木结构。厢房二层，倒座二层已毁。正房比较特别，面宽七间，没有耳房，楼高三层，东尽间还高出一层（图4-54）。室内当中三间不设隔断，稍间和尽间有隔墙。一层住人，二、三层存放东西，东尽间第四层已空置不用。

　　正房一层当心间开木质板门，门楣上四个门当。现在的室内，中间墙壁上挂了一幅国画，两侧有对联，前面摆着一张方桌，桌子两旁有木质靠椅，颇具古风（图4-55）。二层也是七开间，中间三间有出挑的檐廊，尽间和稍间因与厢房距离太近，没有檐廊。

图4-52 小八宅位置

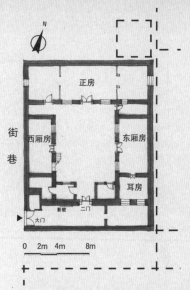

图4-53 小八宅一层平面

图4-54 小八宅正房

图4-55 小八宅正房一层室内

图4-56 小八宅俯瞰

正房第三层当中三间开木槅扇窗，斜45°方形细木棂子，远眺视野开阔，不但宅院格局尽收眼底，还可放眼整个砥洎城。黄墙绿树，远山白云，均在其中，让人心旷神怡（图4-56）。屋檐下粗大的梁头朴素而直接地裸露，径向的裂纹和模糊的年轮一起见证了时光的流逝。

现在小八宅中住着张家的后人。据张先生介绍，宅院初建于康熙十五年，最初正房三层，左右对称，东尽间的第四层为雍正七年加建[1]，于是正房左右不再对称。高耸的第四层成为砥洎城里最高的建筑（图4-57），不但朝南开两扇窗户，北向也开一窗。笔者估计，

图4-57 小八宅正房东尽间的高楼

因为小八宅地处砥洎城边，北靠堡墙（现已毁），下临沁河，望楼和北窗都起到一定的军事防御作用。

正房的垂直交通，每层都不一样。一层到二层需由西厢房前的楼梯先上到倒座屋顶，穿过东厢，通过东厢和正房相连的廊子，再进入正房二层，路线有180°的转折，空间明暗交替。二层到三层的楼梯设在当心间内靠北墙一侧；三层到四层的楼梯设在东稍间内。楼梯均为木质，搭在上一层梁上，没有扶手，坡度较陡以节省空间。

## 6. 有恒居

有恒居位于砥洎城，四合院形制，大体呈东西向（图4-58）。大门朝西设于倒座一层，双扇板门，门楣上四个门当，门匾上书"有恒居"。正房两侧有耳房，北厢房和倒座之间没有空隙，通过一个方形的小房间相连。因为有恒居位于巷子尽端，这个小房间很好地利用了街巷空间：它紧挨巷子另一侧的宅院院墙，面宽方向占用了巷道的宽度，但并没有影响公共空间，因为巷子到这里就结束了，却增加了有恒居的建筑面积（图4-59）。

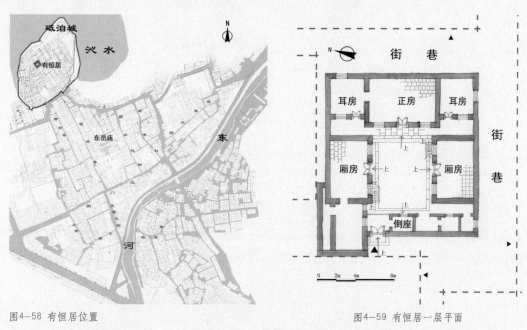

图4-58 有恒居位置　　　　　　　　　　　　　　　　　　图4-59 有恒居一层平面

---

1 正脊上书："□大清雍正七年岁次己酉五月芒种节十二日丙辰午时修建坎宅□门　元吉"。

　　一般来说，润城古镇单个院落占地的长宽比在1：1.2～1：1.5之间，中间庭院的长宽比与整个院子的基本一致，这样的尺度和形状会迎合人们头脑中的某些信息，让人自然觉得短边应该是正房和倒座，长边应该是厢房，符合建筑文化学上的主次序列和人们的心理认知。但是有恒居比较特别，它的平面方正，院墙东西长16.7米、南北宽16.2米，长宽比几乎为1：1。如果按照一般的进深来建造四周的房屋，那么形成的院落空间长宽比就也会是1：1，如此院落就失去了指向性。经过巧妙设计，有恒居的正房进深依旧在5米，厢房在4.5米，只是倒座不同于一般宅院进深在3.5米左右，有恒居只有1.6米。减小倒座的进深使得院落的长宽比达到1：1.3，仍为一个长方形。这样的比例在指向性上，对于东西向的庭院更加重要（图4-60）。

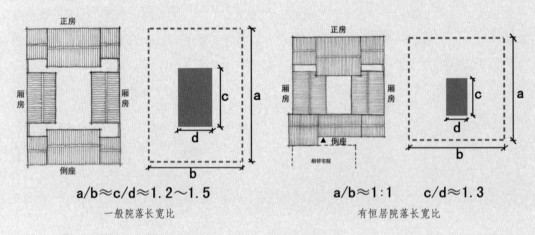

图4-60 润城古镇院落长宽比分析

　　正房和耳房高三层（图4-61），二层有檐廊，一层大梁悬挑承托挑廊，檐廊额枋上置补间铺作，圆形椽子上有方形飞椽，增大了檐口出挑。二层三间都为素木槅扇，窗棂糊有薄纸。隔墙镶嵌壁龛，将木质柜门雕刻成四扇槅扇，下有木雕几腿承托，造型新巧，雕刻精美（图4-62）。三层正立面槅扇已无存，取而代之的是后人填充的砖墙，两次间留有窗洞。梁架雕饰讲究，梁上驼峰作祥云状（图4-63）。

　　厢房二层面阔三间，有前檐廊。廊下沿墙有木楼梯。北厢房与正房的挑廊相连，但低两个踏步，到达正房二层需经北厢房前的楼梯。南厢房的廊子连接倒座二层，并可通到西北角房间的二层。倒座二层无檐廊，朝院内为清一色木槅扇，但并不开启。

图4-61 有恒居正房

图4-62 有恒居正房二层壁龛

图4-63 有恒居正房梁架

# 7.“皇明戚里”院

## （1）整体布局

　　“皇明戚里”院位于东河南岸（图4-64），始建于明代万历五年（1577年），为张姓人家的宅院。现在保存下来两个错接的单院——厅房院和内院（图4-65）。厅房院北面

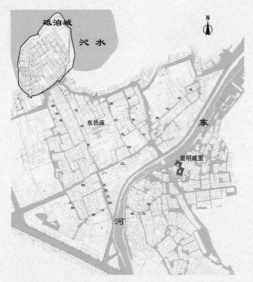

图4-64 “皇明戚里”院位置

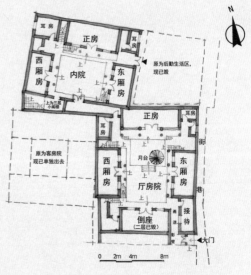

图4-65 “皇明戚里”院一层平面

原有一片生活区，用于碾食、浣洗等，现已无存。"皇明戚里"之名，据说是当年宅主娶了皇帝的侄女，因而取了这个暗示权贵的名字。传说现已无从考证，但从建筑的形制、材料、雕刻等看，都较普通百姓的院落更加精彩，可知当年的主人即使不是皇亲国戚，也是富甲一方的大户人家。

**（2）空间分析**

入口大门是一个两柱单开间的木牌楼，门匾朝外书"皇明戚里"四个苍劲大字，朝里写"好礼"二字。门匾上并排三朵三翘斗栱，高高撑起门楼的屋檐，使得夹在两墙之间的牌楼非但没有被挤夹的感觉，反而显得高耸雄伟（图4-66）。进门正对一面砖雕影壁，右拐为一条8米长、1.2米宽的甬道（图4-67）。甬道尽头向左，即进入厅房院，甬道右侧有为红白喜事中乐队、轿夫等候而设的房间。

图4-66 "皇明戚里"院大门

图4-67 "皇明戚里"院甬道

　　厅房院因厅房得名（图4-68）。厅房高一层，厢房二层，有檐廊出挑。倒座二层已毁，一层还在使用。

　　厅房院正房前有月台，虽然只是一块高出地面约半米的方形小台，但作为一种"礼"的象征，划分了空间并暗示着尊贵和秩序。月台长4.7米，宽3.9米，四面凹凸的轮廓仍旧清晰，但雕刻的花纹因长年风化只隐约可见。正面中间四步石阶正对过厅当心间，有较强的指引性，石阶两边有低矮的装饰性垂带（图4-69）。月台左侧沿边摆有长石条，作条凳使用，右侧植一石榴树，为院子增添些许生机。

　　当主人领着客人，过大门、入甬道、转二门，走进院子时，天光四洒，柳暗花明。宽敞的院落与入口的狭长形成鲜明的对比，顿感豁然开朗。接着主人一挥衣襟，请客人于厅房小叙，上三步台阶，登上月台，无形之中传达出"请上座"的意思，好客重礼在流线的转折和空间的变换中显露无遗。

图4-68 "皇明戚里"院厅房院

图4-69 "皇明戚里"院厅房正房月台踏道

　　过厅面宽三间，基础与月台相连，高出院落地坪半米，檐廊檐口高出月台平面4.5米，加上月台的高度，刚好与两层高的厢房檐口齐平，显出其空间高大；檐廊灰空间的营造很有特点：4根檐柱细长挺拔，近4米高，将檐廊立面平均分为三个竖向长方形，凸显垂直方向上的挺拔。除此之外，过厅的柱础都外覆铁皮，檐柱柱础为鼓状，直径30厘米，高30厘米；金柱柱础呈莲花状，直径40厘米，高约47厘米，细节上的处理突显出建筑的等级。虽然原来精细雕刻的槅扇已被砖墙取代，但是并没有影响建筑的整体气势，过厅镇坐在月台后，如同院子的主人，气宇轩昂。

　　内院为三合院，和厅房院以一条甬道相连。内院没有倒座，正房和厢房都为二层，前有檐廊（图4-70）。院子的西南角有三层高的望楼，内有爬梯，第三层四面设砖雕栏杆，凭栏四望，东河美景尽收眼底。但因年久失修，阁楼已不再上人，屋顶也有些许的破损（图4-71）。

图4-70 "皇明戚里"院内院正房

图4-71 "皇明戚里"院内院东厢房和望楼

## 8. 上宅

上宅位于东河南岸（图4-72），和其旁边的下宅原来均属于张姓人家，现已各自独立（图4-73）。上宅院门设在倒座一层中间，门匾上书"才犹敏练"四个大字，苍劲有力。

上宅是一个占地21米长、12米宽的单院，正房前有月台，与"皇明戚里"院的月台相比，相对简单，没有装饰，仅为一个长4.8米、宽3.8米、高出地面60厘米的方形石台。

月台后面的正房为三眼窑洞（图4-74），高4米，中间一眼设门，两边对称开窗。窗两边墙上各掏有一个45厘米长、48厘米高的方形小壁龛。屋顶可上人，简单的砖砌工字栏杆，边沿有砖仿木雕屋檐，圆椽、方飞椽和瓦当滴水都雕刻得相当精细。两侧厢房为砖木

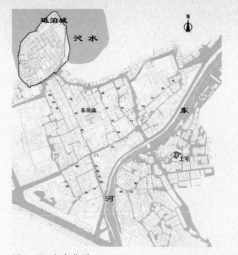

图4-72 上宅位置

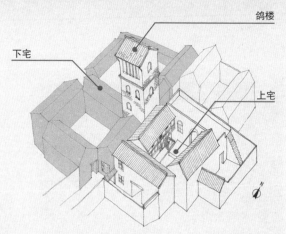

图4-73 上宅和下宅轴测

结构，二层有挑廊。据宅院主人介绍，正房以前也是二层小楼，坍塌后改建成窑洞。

　　上宅最具特色的建筑，莫过于它的"鸽楼"。无论在古镇的哪个方位，举目四望，定会在一片黄砖青瓦的中发现一个高耸的建筑鹤立鸡群般地存在，这就是当地人所称的"鸽楼"。"鸽楼"夹在上宅与下宅之间，原来从两个宅院都可进入，现在下宅的入口封住，只能从上宅进。它最初用作"望楼"，解放初期，有人用它饲养鸽子，所以被称为"鸽楼"。鸽楼为五层砖砌楼阁，面宽两间，进深一间，双坡硬山顶，形体高耸，各层通过爬梯相连，设有瞭望的拱券窗洞，檐下有简单的墀头。鸽楼现已无人使用，屋顶上的杂草如同老人稀疏的头发，青山夕阳衬出庄重沧桑的剪影（图4-75）。

图4-74 上宅正房

图4-75 上宅鸟瞰

## 9. 马房院

　　马房院是清代诗人——张树佳（父）、张晋（子）和张域（孙）、张爽（孙）的故居，由两个四合院并列相错组成（图4-76、图4-77）。

　　马房院位于街道转角，入口采用弧形院墙，避免了与街巷产生尖角。拱券式大门上写着四个大字"孝友家风"。进门为一条甬道，左转进入第一个院落，院子方整，四面均为二层楼房，有檐廊并带檐柱（图

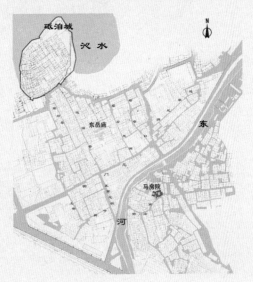

图4-76 马房院位置

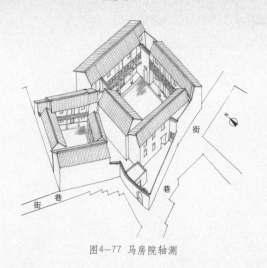

图4-77 马房院轴测

4-78）。第二个院子在第一个院的西侧，尺度较小，正房和两厢房有木檐廊并带檐柱。

两个院落通过一个天井相连。天井设计巧妙，一层连接两个院子，并有一门与外界相通；垂直方向上有两个楼梯，分别通往第一个院子的西厢房和第二个院子的正房。本来是两个院子之间的夹缝空间，因地制宜的处理了交通流线，使得不足15平方米的狭小空间变得十分生动（图4-79）。

图4-78 马房院第一个院落

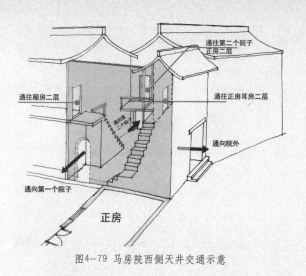

图4-79 马房院西侧天井交通示意

# 10.敬近居

敬近居位于后巷口，又称板棚邸（图4-80）。占地长23米，宽18米，较为宽敞（图4-81）。入口为拱券式大门，门额"敬近居"三字隐约可见。大门正对西厢房山墙，墙上有一面砖雕影壁，中间隐约可见"福"字浮雕。右转至二门，门匾上书"容膝易安"，取自陶渊明的《归去来兮》，隐隐透出主人超凡脱俗、安于自乐的豁达胸怀。

庭院长8.2米，宽7.9米，院内建筑均为二层带前廊，四面相同（图4-82）。敬近居原来与街巷另一边的宅院同属一家，倒座二层设有过街楼相连，后来分家，过街楼便不再使用。

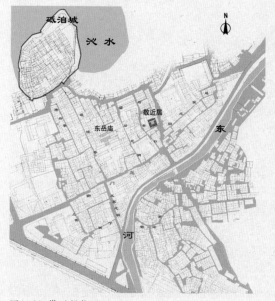

图4-80 敬近居位置

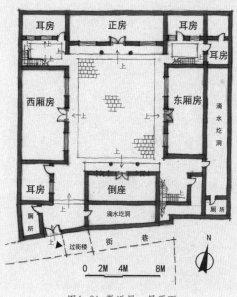

图4-81 敬近居一层平面

图4—82 敬近居正房

敬近居西北的天井有一口水井，井水清凉，通自来水前一直是周边居民赖以生存的水源。东厢房和倒座后面各有一条甬道，当地人称"滴水圪洞"。"滴水圪洞"是相邻的两个宅院或者宅院与街道之间让出来的一条小道，雨水顺着出挑的屋檐落下，不会影响到隔壁院子或在街道上积水。敬近居厢房后的滴水圪洞与厢房通长，宽约3.7米，倒座后的滴水圪洞宽约1米。

## 11.栗家大院

栗家是润城古镇从事铸造业的家族，原有数个院落，后因分割、改建，只剩下厅房院保存完好（图4-83）。

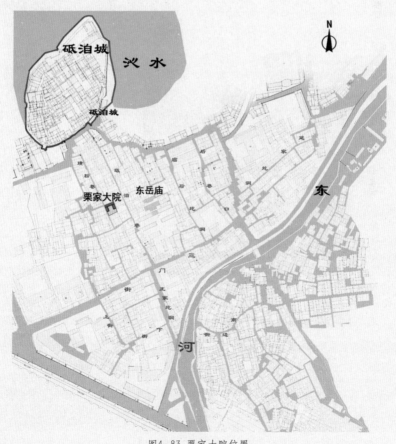

图4-83 栗家大院位置

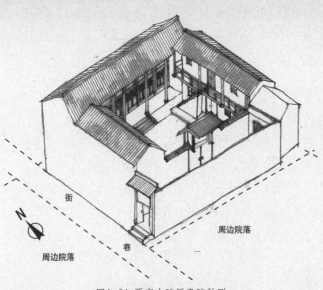

图4-84 栗家大院厅房院轴测

图4-85 栗家大院厅房院二门

图4-86 栗家大院厅房院插屏式照壁

栗家大院厅房院为一个三合院（图4-84），大门沿街，两扇木制板门。进门为一条甬道，甬道尽端有一砖仿木雕影壁，斗栱和屋檐雕刻清晰精美。二门位于甬道左侧，牌楼式木门，双柱单开间，悬山顶，檐下有雕刻精美的垂莲短柱，龙头状的横木插入短柱起稳定作用，内外对称。抱鼓石雕刻成石狮，造型惟妙惟肖（图4-85）。

二门内两侧边墙各有一面宽1.9米、高2米的砖雕仿木插屏式照壁，檐下斗栱四朵，壁心四边祥云镶嵌，四角雕刻瑞兽，当中浮雕一麒麟，栩栩如生（图4-86）。

主体建筑厅房高4米有余，面宽五间，进深五檩带檐廊，四根高挑的石柱上各顶一朵单踩斗栱，柱础为香炉式。原来的槅扇门改建后只剩右侧次间和梢间留有槅扇（图4-87）；室内空间开阔，梁架上残留有彩绘，依稀可辨为祥云飞龙。厢房高二层，面宽三间，有出挑檐廊。

图4-87 栗家大院厅房

## 12.简静居

简静居位于砥洎城，为张敦仁故居，由两个院落并列连接（图4-88、图4-89）。入口大门匾额上用楷书阴刻苍劲的大字"敬和"，门匾后书"简静居"（图4-90）。

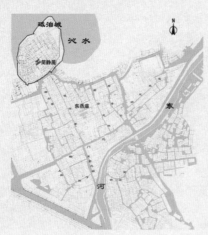

图4-88 简静居位置

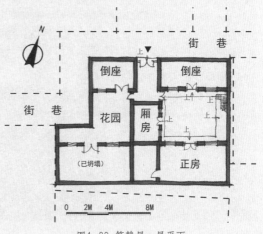

图4-89 简静居一层平面

图4-90 简静居大门

简静居入口朝北，大门正对厢房山墙上的影壁，进门左拐二门的门匾上书"得真"二字，寓意深刻。主体院落为南北向三合院，建筑均为二层砖木结构。正房坐南朝北，面阔三间，一层每间嵌装四扇木槅扇门，条形镂空棂子，虚实相间，雕刻精细（图4-91）；二层有出挑檐廊，当心间四扇板式槅扇，两次间各开方格窗，构图简单。院东为廊子，二层单坡顶，一跑木楼梯通过廊子可达正房二层。庭院铺地为20厘米见方的青砖，如今已凹凸不平，茵茵有青苔覆盖。

简静居西面还有一个小院，主体建筑已坍塌，院中也已长满荒草，无人居住。

图4-91 简静居正房一层槅扇

# 13."花萼相辉"院

"花萼相辉"院与职思居相邻（图4—92），为东西向一进四合院（图4—93）。倒座二层，当心间一层架空为入口，大门内有屏门，门扇已被砖墙取代，但木柱和柱础仍存。两侧现用作厨房，灶台上沿墙有一块石碑，为乾隆年间所刻，记录着院落的建设情况（图4—94）。

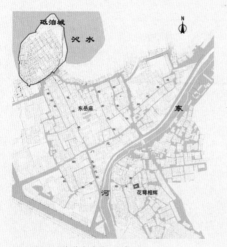

图4—92 "花萼相辉"院位置

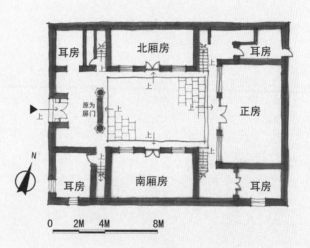

图4—93 "花萼相辉"院一层平面

图4—94 "花萼相辉"院中石碑

因用地所限，只有正房和倒座有耳房，正房、倒座和两厢房之间分别紧夹着上到倒座二层的石阶。正房耳房为三层，其余建筑都为二层。正房和北厢房已经破败，仅一层做储物之用（图4—95）。

图4-95 "花萼相辉"院内景

# 14.鸿胪第

图4-96 鸿胪第位置

鸿胪第位于砥洎城西南（图4-96），临近城墙的炮台，由三进院落组成（图4-97）。鸿胪，是清朝官职，主管礼仪之事，宅主郭登云曾任职于鸿胪寺，故将其府邸称为"鸿胪第"。入口为牌楼式大门，二柱单开间，双坡顶。木制门匾，上阴刻三个苍劲的大字"鸿胪第"，额枋上架三攒三跳斗栱，有飞椽，出檐深远。

鸿胪第三进院落南北串联。一进院是一个过渡空间，尺寸较小，占地约10米见方，南面为大门，东

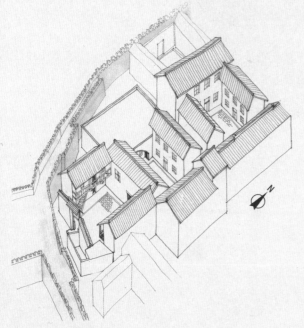

图4-97 鸿胪第轴测

图4-98 鸿胪第第二进院落

图4-99 鸿胪第第三进院落

西厢房二层，北接第二
进院落的南厢房。

第二进院为东西
向的四合院，正房和厢
房均为二层三开间（图
4-98）。南厢房底层设
一道门，和大门同向但
错开。正房前有檐柱，
二层有檐廊；正房北侧
耳房高起呈三层，与风
水堪舆有关。倒座为一
层窑洞，前有一条长近
11米的整块青石台阶。

通过第二进院子
正房北侧的巷道可达第
三进院（图4-99）。
第三进院为四合院，四
面建筑均为二层，无檐
廊。南厢房年久失修，
已坍落。

公共建筑

GONGGONG JIANZHU

# 一、概述

　　润城古镇在两千多年的历史变迁中，对区域的军事、商贸、文化发展做出了重要贡献。特别是在明清两代，古镇商业集中、人才辈出，呈现出一片繁华兴盛之景，为公共建筑的建设提供了良好的经济技术基础。目前润城留存有7座庙宇，1处古城堡。其中东岳庙和砥洎城为国家级重点文物保护单位，玉皇庙和东坪庙为市级重点文物保护单位（图5-1）。

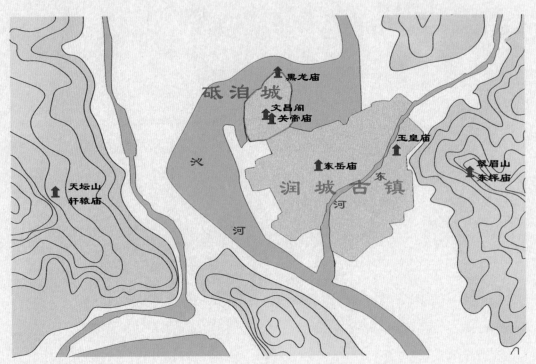

图5-1 润城主要庙宇分布

# 二、实例

## 1. 东岳庙

### （1）概述

　　东岳庙是供奉道教神祇中专管人间生老病死的冥府之王——泰山神东岳大帝的地方。东岳大帝又称"天齐神"，因此东岳庙也称"天齐庙"。

　　润城东岳庙始建于宋代，位于三门街中段北侧，占据古镇的中心位置。明代隆庆年间修葺过一次，万历二十一年（1593年），因屋宇坍塌，经知县批准，由社首张诏主持，号召乡里募捐，进行了一次较大规模的重修。庙内该年《重修东岳庙碑文》记载："本村随社一千五百家余，喜舍资帛，木石等项，家家争先，迎送布施；户户夺前，造管肉饭。"此次修缮之后的东岳庙"明三暗五，先高六尺，深周阔大，盛前十倍，不负仙遣之词"。据此可推断这次重修将庙宇进行了扩建。清代嘉庆年间（1803年），乡绅张依仁四方游说募捐，再次对东岳庙进行了修葺。又过20年，正殿和献亭又进行翻新，周边的建筑也进行了修葺[1]。从此之后再无修缮的记载，至今已经有一百八十余年。2006年，润城东岳庙被公布为全国重点文物保护单位。

### （2）建筑布局

　　东岳庙原为三进院落，规模宏大，占地约1072平方米。沿轴线依次分布山门、影壁、钟鼓楼、过厅、戏台、献亭、齐天殿及其配殿、后宫等。共有房舍近百间，塑有72祠圣像（图5-2）。现仅存献亭、齐天殿及其耳殿、后宫，其余建筑在20世纪70年代被拆除。据当地居民回忆，东岳庙山门建于石砌台阶之上，面宽三间，气势雄伟。穿过山门，轴线上立一面砖雕影壁，影壁有一米多厚，四面雕饰，图案精美。影壁的两边为两

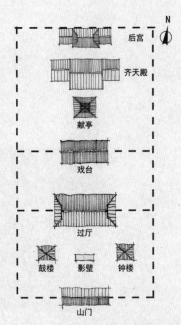

图5-2 东岳庙主要建筑原状推测

---

1 详见附录1-2。

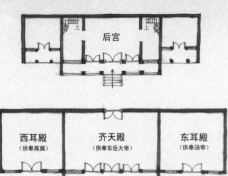

图5-3 东岳庙现存建筑一层平面

层高的钟楼和鼓楼，钟楼里有石雕赑屃驮着无字碑。再沿轴线向前，即到达建筑群的第一个高潮——过厅。过厅为东岳庙中形制最高的建筑，双坡悬山琉璃饰顶。面宽方向的大梁直径约有1米，当地人戏说可以将大梁挖空作棺材，从过厅再往前为戏台。而今从山门到戏台之间的建筑均已拆除，新建了润城镇幼儿园（图5-3）。

再沿轴线向前即为献亭，献亭为明代遗构，单檐歇山琉璃饰顶（图5-4）。献亭略高于地坪，台基长7.6米、宽6.6米，正面和两侧面有石栏板，栏杆望柱头上左右对称地雕有狮子、大象等，年代久远已有

图5-4 东岳庙献亭

残缺风化，但形态清晰可辨，造型十分逼真（图5-5）。献亭由4根正方形石柱支撑，石柱边长40厘米，下粗上细，略有收分，柱距5米。檐口出挑约1.6米，角檐出挑近2.7米。琉璃屋顶依然色彩鲜明，栩栩如生（图5-6）。屋顶中央原还有一个二层琉璃小亭，高约1米，如今已不存。亭内左右柱间原各有石碑两块，为明清时期所刻，现左侧的一块遗失，只剩基座。

图5-5 东岳庙献殿栏杆望柱石雕

　　献亭的藻井让人叹为观止。四面的梁上共架起16朵七踩三翘重昂斗栱，均出45°斜栱，等距排布，向外承托出挑的屋檐，向内支撑藻井。藻井八角形，八个角上分别吊垂莲柱，往上亦是16朵小的七踩三翘重昂斗栱，向心排列。耍头以如意形木构件连接成一圈，最终汇于中心的垂莲柱。藻井原有彩绘，虽因年久失修，颜色斑驳暗淡，但仍可以见斗栱上的祥云线条流畅，造型优美（图5-7）。

献亭往后即为建筑群的第二个高
潮：齐天殿（图5-8、图5-9）。齐天殿
也为明代遗构，内供奉东岳大帝，面宽
五间约11米，进深六椽约6.2米[1]。大殿建
于石砌台基上，台基两边有石刻栏板，
雕刻有龙凤等浮雕，古拙而生动（图
5-10）。设有前廊，廊柱为四根高大
的石柱，立于造型优美的莲瓣柱础上。
前廊额枋为一根和面宽等长的整木，庙
内一块万历年间的石碑记载了这根特殊
的额枋："……施大白杨树一根，粗八
尺长六丈"。两侧廊墙上各镶嵌有两块
石碑，上有砖雕屋檐。大殿当心间和次

图5-6 东岳庙献亭琉璃顶雕饰

图5-7 东岳庙献亭藻井

图5-8 东岳庙齐天殿

图5-9 东岳庙齐天殿当心间

图5-11 东岳庙齐天殿门口石狮

图5-10 东岳庙围栏石雕

间均为四扇木槅扇，当心间两侧各立一个石狮（图5-11），两稍间开有木窗，窗下又各镶嵌一块石碑。相传殿内有机关，人踩中后，神仙的塑像可向前倾斜，仿佛真神驾到，活灵活现。齐天殿为单檐悬山顶，上覆当地土瓦，绿琉璃剪边，最中心的五道也用绿色琉璃瓦。正脊装饰和鸱吻均为以绿色为主，饰彩色雕龙纹样。垂脊装饰、博风板和悬鱼均为彩色琉璃，虽经百年风雨，依旧光鲜亮泽，在阳光的照耀下熠熠生辉。齐天殿的两侧有耳殿，分别供奉着高媒和汤帝，如今已破败。

齐天殿再往后5米，有一幢二层高的建筑，这便是东岳庙轴线上最后一个建筑——后宫（图5-12）。后宫为东岳大帝的寝宫，里面原有神龛，供

---

1 未包括前廊。

图5-12 东岳庙后宫

图5-13 东岳庙后宫梁架彩画

奉东岳大帝妃子的排位，"文革"时期一层被改为小学，二层为男生宿舍，遂均无存。后宫面宽五间约11.5米，进深七檩约7.2米，单檐歇山顶，檐口出挑深远，高耸巍峨。台基高约半米，一层有前廊，前立6根边长30的厘米石柱，高挑细长。一层原来的槅扇门已被拆除，现柱间填充砖墙，只在一侧次间开有门洞。屋内两侧的次间内原有通往二层的楼梯，现楼梯已坍塌，于是在屋外另设楼梯上到二层。二层正面和两侧都有檐廊，宽1.6米，扶手木栏杆高约1米，镂空成"X"形纹样，保存较为完好。二层面阔三间，室内高大开敞，东侧花梁上写有"乾隆三十八年正月二十二日开□谨记"，西侧花梁上写有"乾隆三十八年七月初七卯时暨□谨记"，中间花梁上写有"时大清乾隆三十八年□架癸巳月诸癸亥日居辛卯时乘辛亥梁阖镇创建"，可知后宫为清代遗构。二层梁架均施彩画，内容主要为飞龙和祥云，画工精细，保存良好，历经百年仍然清晰鲜艳，连龙爪上的指甲都清晰可辨（图5-13）。屋顶瓦片出自阳城名手乔氏，瓦片上有"乔记"以为证。后宫两侧各有一层高的耳殿，如今已破败。

东岳庙山门旁原有一小庙——白龙庙，内有白龙池。当地有个习俗：每年选一男一女两儿童用宝瓶取池中水，倒入村东白龙宫敬天池中，再将敬天池中水以瓶易回白龙池中，以祈福风调雨顺。如今白龙宫与白龙庙均已不存。

## 2.天坛山轩辕庙

**（1）概述**

从润城镇中隔东河向南远眺，映入眼帘的是一座绵延的青山，山脊线被几座红色庙宇打断，仿佛五线谱里跳出的音符，为山的轮廓平添了许多生机，这山便是润城的天坛山，这几座庙宇，便是闻名晋、陕、豫、鲁、苏、浙、闽七省的天坛山轩辕庙（图5-14）。

图5-14 天坛山建筑群鸟瞰

图5-15 南天门

图5-16 一天门

天坛山名字的由来，民间有不少传说。一说是某年初一，明代万历皇帝曾在当时的天南山设坛祭祀天地宗庙，于是改天南山为天坛山。另一说是远在唐代，这座山便被称为天坛山，取意阳城与济源交界处的王屋山之别名。

天坛山轩辕庙建筑群依山势逶迤而上，与地形结合巧妙，到达顶峰之后，再折坡下来，巍峨壮观。庙中《创修天坛宫碑记》中载："天坛山古迹系列创建于唐，扩建于明，重修于清"。可见，现在的天坛山建筑群是在不断扩建中形成的。

每年农历三月十五是天坛山举行庙会的日子，届时，镇中各家各户都上山祭祀，从镇区到山顶的一路，人头攒动，川流不息。轩辕庙的殿堂里青烟袅袅，善男信女们烧高香、放鞭炮，好不热闹。庙会从清早一直持续到次日黄昏，这个习俗已经持续了一千多年。

## （2）建筑布局

天坛山轩辕庙建筑群的入口是传说中天宫的入口——南天门。南天门为两层歇山顶建筑，走过南天门，就代表你已置身天堂（图5-15）。南天门入口朝西，正对一个体量稍大的双坡单檐硬山顶建筑——财神殿，里面供奉着人们崇拜的财神。

穿过南天门，右手边有连续的七十八级台阶，拾级而上，便到"一天门"。一天门并非指天堂的第一道门，而是道教文化中"道生一，一生二，二生三，三生万物"的

图5-17 灵官殿

"一"，所指万物的太极，表达人们希望宇宙与人类和谐统一的夙愿。一天门为过厅式，卷棚歇山顶，红墙翠瓦，虽为单层，但位于一组台阶之顶使人抬头仰视时觉得十分雄伟壮丽（图5-16）。

　　一天门后，紧接着是灵官殿。单檐歇山顶，里面供奉道教的护法神（图5-17）。灵官殿后立一个绿脊黄瓦的小亭子，小巧精致，名为"消灾楼"。"消灾楼"中间坐一观音菩萨的雕像，意为人经过这里，便能消灾去祸（图5-18）。消灾楼以上，拾级三十二梯，便来到四帅殿前，里面供奉佛教的四大天王。此刻，经过一系列由台阶串联起来的庙宇，回首观望，但见山下松柏青翠，润城美景尽

图5-18 消灾楼

图5-19 轩辕庙正殿——祖师殿

图5-20 玉皇庙正殿

收眼底。唐人李讳有《登天坛观日》云："朝游诸峰几多回，夜上坛颠月边宿。仙人邀我搴顶峰，遥望夜半东方明。王母欲上朝轩辕，群仙指引对我言：空山处处洒清风，浮生皆半如梦中"，道尽此中美意。

再登阶而上，便来到轩辕庙。轩辕庙由山门、祖师殿和两侧的配殿药王殿、送子娘娘殿围合而成。祖师殿和耳殿各供奉着雷公和风神雨伯（图5-19）。从祖师殿西侧穿出，便是一进形制与轩辕庙相似的庙宇——玉皇庙，这里供奉着玉皇大帝（图5-20）。至此，天坛山轩辕庙旧制便到此结束。近年扩大其规模，在玉皇殿西侧院墙另开一门，引一条120多米的檐廊，沿逶迤的山势直达山顶。山顶处仿北京天坛祈年殿，建造了一座三重檐亭式圆殿（图5-21）。

在轩辕庙山门前，沿山势往下，另有一条小路通往"三教殿"。三教殿内供佛教始祖释迦牟尼佛、儒教始祖孔子和道教始祖太上老君，是典型的佛儒道合一的庙宇。庭院方正，长近20米，宽逾15米。主殿面宽三间，单檐歇山顶，屋顶上有恶人拉着风水楼子（图

图5-21 天坛圆殿

图5-22 三教殿

图5-23 三教殿外的碑廊

5-22）。庙门外为碑廊，展示修建庙宇时的碑碣石刻，多为现时所立的功德碑（图5-23）。

三教殿往下，是一处雅致的院落——碧虚院，院中有仙池，上架一座精致的石桥。主殿为无生老母殿，有配殿梳妆楼等（图5-24）。

碧虚院下面有汤帝庙和白龙宫两座并排的建筑，均为三开间，前有檐廊，体量高大。白龙宫创建于明代，清代乾隆年间扩建，殿内两边墙壁绘千姿百态的众仙壁画。汤帝殿供奉汤帝神像，体量略高于白龙庙（图5-25）。

至此，绕山一周，拾台阶、穿殿堂到轩辕庙，再下三殿、过碧虚，来到天坛山南天门

图5-24 碧虚院

图5-25 汤帝庙和白龙宫

图5-26 戏台

图5-27 远观天坛山建筑群

东侧的广场。广场上坐落着一座近期重修的古戏台，每逢庙会，十里八乡的村民便聚集于此，人山人海，看戏唱戏，好不热闹（图5-26）。

## （3）成就

天坛山建筑群因地制宜，依山而上，建筑与山势巧妙结合，逐步引向高潮。朝拜者带着膜拜的心情拾级而上，穿过一系列形制规模越来越高的建筑，到达山顶天坛，这里是山势的最高点，建筑的最高潮，也是离天最近之地、得"道"最终之处，崇敬之心油然而生。下山之路另取旁道，从三教殿蜿蜒迂回，至无生殿再到汤帝庙白龙宫，最后在人头攒动的戏台收尾。整体布局自然巧妙，浑然天成（图5-27）。

东坪庙位于东坪山山腰，为元代创建（图5-28、图5-29）。沿山势而上，过山门，经紫极门（图5-30），便进入庙宇。一进院落坐北朝南，为典型的四大八小格局。正殿前设月台，立有香炉，殿内供奉玄武大帝，两侧墙壁上绘有彩画，讲述各路神仙来此做水路道场等故事。西配殿供奉关公，东配殿供奉太上老君。倒座为二层，一层当中架空为门洞，四周立有石碑，最早的可追溯到明代，有碑文云："……历年既久，风雨摧残，将有崩圮之虞。而大殿春秋阁、西庭与黑虎灵官等殿，亦皆崩圮可虞，芨芨不可终日。则备观美者，犹后无以妥。神灵而泯怨恫是，则有心者之所以大不

图5-28 东坪庙远观

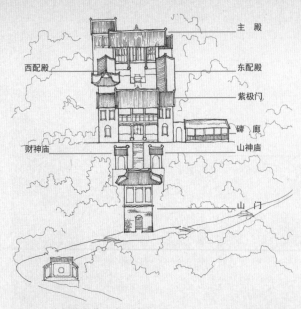

主殿

西配殿

东配殿

紫极门

碑廊

山神庙

财神庙

山门

图5-29 东坪庙整体示意

安也。本镇濚回延君，目击心伤，既然兴修葺之念，一人独倡于先，假亲友以募于四方，谋社众以募于本土。更联育之阎君、族容斋为同伴三人者，戮力同心，朝夕部署督理，越五月而工告竣。于是向之崩圮可虞者，今皆焕然一新矣。则安神灵，而壮观瞻，不大有赖于斯举也哉"。

东坪庙供奉玄武大帝，选址和格局颇为讲究。传说中玄武大帝踩龟收蛇，而东坪庙所在的翠眉山山势蜿蜒

图5-30 东坪庙紫极门

图5-31 东坪庙院落

曲折，恰如盘曲之蛇形；正殿的西耳房和倒座的西耳房均高三层，是整个庙宇中最高的建筑，象征乌龟伸出的一头一尾，远观仿佛真有玄武大帝坐镇于此。近年在院落东面修建了一个U形的碑亭，放置后来的功德碑。

东坪庙曾是清代润城文人的聚会之所。乾嘉年间以延君寿为首的"樊南吟社"（别名"骚坛四逸"）时常聚会与此，赏景、写诗、饮酒。道光、咸丰年间，润城文坛后起之秀"七逸老人诗社"也时常来此饮酒作诗、畅谈人生（图5-31、图5-32）。

## 4. 文昌阁

文昌阁是砥洎城里最华丽的公共建筑，位于整个砥洎城的中心，占地14米见方（图

图5-32 东坪庙香炉上的铃铛

图5-33 崇祯十一年（1638年）"山城一览"石碑中的文昌阁

图5-34 文昌阁遗址现状

5-33），主要供奉二十八星宿之一的魁星。魁星传说主宰文运，历来为科考学子所崇拜，惜阁已于20世纪50年代被毁，如今只剩基址（图5-34）。

　　据当地居民回忆，文昌阁以一条宽2米、长13米的甬道与关帝庙相隔，甬道尽头为一块雕刻精美的砖雕影壁。甬道左墙中央为文昌阁的牌楼大门，正对文昌阁。文昌阁楼高三层，一层为石拱券结构，二、三层为砖木结构。一层正面设拱门，无窗，两侧有石梯。二层向内收，四周以一层屋顶作为平台，边砌砖围栏，室内放有桌椅笔墨，可供游人题字。

二层后面另设一门，门内有上到三层的楼梯。三层四面为木槅扇，中间供奉魁星。琉璃歇山顶出挑深远，四角悬挂风铃，颇有意味。

阁左右两侧均为一层三开间的配殿，现也已损毁，只存有石碑。

## 5. 关帝庙

关帝庙位于砥洎城文昌阁正前方，三合院形制（图5-35）。正殿三开间，虽然只有一层，但体量高大，琉璃饰顶；前有月台，约3米见方，高1.2米。两侧厢房为二层砖木结构，现为民居所用。大门两侧曾设钟鼓楼，钟楼内有铁钟，直径5尺（约1.66米），声音低沉浑厚，今已毁。庙内现存石碑两块，因年代久远，字迹已不可辨。

## 6. 黑龙庙

黑龙庙位于砥洎城东北角，紧邻沁河，庙原为一层歇山顶，如今已破败（图5-36）。面河的山墙上存留两个五尺见方的阳刻大字"忘暑"。庙正面右下角镶着一大石板，长约1.2米，宽约0.8米，上镌刻着"大观"二字，苍劲有力。

图5-35 关帝庙院落

图5-36 黑龙庙遗址

# 装饰艺术

ZHUANGSHIYISHU

　　精美绝伦的建筑需要有潜心雕琢的细节来支撑。装饰不仅体现出建筑的性质、内容和建造者的修养、气质，也是权位和身份的象征，表达了人们对幸福生活的美好向往，表现出古代匠师的杰出智慧。润城古镇的装饰风格简洁大方，别有一番韵味。

# 一、屋顶

　　屋顶是中国古代建筑最具特色的部分。伸远的出檐，层叠的屋架，微扬的曲线，使建筑产生强烈的艺术感染力。不仅如此，组成屋顶的每一个部分都足以称之为艺术品。

## 1. 脊兽

　　脊兽是屋顶最具特色的构件，位于正脊两端，起到连接和向下施加压力等构造作用。

图6—1 简静居脊兽

图6-2 砥洎城明宅望兽　　　　　　　　　　　图6-3 郭宅吻兽

在不断的发展演变中，屋顶的脊兽衍生出不同的风格与形式。我国古代的木结构建筑较易失火，用传说中能避火的动物作为脊兽，可满足心理需求；脊兽丰富了原本平淡屋顶的曲线，增加了层次感；由于脊兽的位置较高，在蓝天的映衬下更显威严，又为建筑增添了一份神秘的色彩（图6-1）。

润城古镇的脊兽多为鸱吻，所谓龙生九子，鸱吻就是其中之一。传说这位龙子喜好东张西望，且能喷水成雨，于是成为脊兽造型的首选。鸱吻因脊兽首尾的朝向、形态不同可大体分为两种——"吻兽"和"望兽"。顾名思义："吻兽"面朝内，口衔正脊，尾端高跷；"望兽"面朝外，眺望远方，神态生动。其中"吻兽"多用于级别较高的建筑，如庙宇、院落的正房等，而"望兽"多用在级别稍低的厢房或者倒座。但无论是"吻兽"还是"望兽"，均有细致的雕工，兽头兽尾清晰可见，胡须鳞片抽象有致（图6-2、图6-3）。

不同的建筑脊兽的材料也有所不同，如庙宇等公共建筑，屋顶用琉璃瓦，脊兽也使用彩色琉璃，规模宏大，雕刻精美（图6-4、图6-5）。而民居中的脊兽多用砖烧制，造型朴实，更加贴近寻常百姓家（图6-6）。

图6-4 玉皇庙脊兽　　　　图6-5 东岳庙正殿脊兽　　　　图6-6 小八宅脊兽

## 2.屋脊

　　润城古镇的许多建筑,特别是庙宇的屋脊雕饰得十分精美。黄绿的琉璃、精美的浮雕,比起两端的吻兽毫不逊色。如东坪庙正殿,正脊中间有楼阁状雕饰,形成视觉中心(图6-7);两边的屋脊为盛放的牡丹,大小形态各异;戗脊采用水纹,舒展流畅(图6-8)。整个屋脊雕琢得十分细腻,有动有静,虚实相生。加上屋顶上的"恶人拉风水楼",更显栩栩如生。

　　民居建筑中也不乏精致的屋脊,主题大多数是花朵,各有吉祥的寓意(图6-9、图6-10)。如梁家院正房的屋脊由若干花砖拼接,每块上面雕着一株莲花,花瓣舒展,莲蓬若隐若现,虽然没有琉璃的色彩,单单形态也颇具美感(图6-11)。

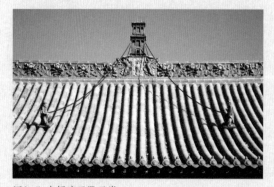

图6-7 东坪庙正殿正脊　　　　　图6-8 东坪庙正殿戗脊

图6-9 明宅屋脊

图6-10 职思居屋脊

图6-11 梁家院屋脊

## 3.勾头和滴水

勾头和滴水分别指屋面筒瓦和盖瓦的最后一块，勾头多呈扇形或圆形，而滴水多为三角形，都是为了排水之用。润城古镇的庙宇等公共建筑大多数屋面为琉璃瓦，勾头滴水图案多为龙纹，雕琢十分精致（图6-12）。

民居建筑的勾头靠近山墙处的为圆形，图案大多为兽头纹（图6-13）；而中间的多为扇形，雕刻精美的植物犹如画出（图6-14、图6-15）。滴水多为如意形，纹样虽不及勾头复杂，但也十分优美（图6-16）。

图6-12 龙纹琉璃勾头

图6-13 小八宅圆形兽头纹勾头

图6-14 小八宅如意形植物纹勾头

图6-15 小八宅勾头

图6-16 衍庆居勾头滴水

# 二、斗栱

斗栱是我国古代建筑中最具魅力的部分之一，以简单的构件组合成千百种形态。斗栱的起源很早，春秋战国时期的《尔雅·释宫》、《论语》等文献中已有关于斗栱的描述，战国、汉代的青铜器、画像石、画像砖等也发现了斗栱的形象。斗栱的功能有许多，首先，斗栱是梁架和柱子之间的过渡，承担传递荷载的构造作用；其次，斗栱可以使出檐更加深远，以保护建筑下部的墙、柱、基础等；再次，斗栱可以缩短梁枋的跨度，分散节点处的剪力；另外，斗栱的榫卯方式和组合还具有抗震的作用。除此之外，斗栱还具有装饰和等级划分的作用，曾经一度是皇室才能享受的荣耀。

润城古镇的住宅门楼有些使用斗栱，以其规模的宏大显示家世的显赫。宅院等级可以用斗栱的踣数来推断，踣数越多，等级就越高[1]。如刘家的怡园，虽已被破坏严重，但是门楼的十一踣斗栱仍傲立于天，向人们昭示着它曾经的荣耀（图6-17）。在古镇曾经名声显赫的郭宅、杨宅、"皇明戚里"等宅院中，也有气魄宏大的斗栱（图6-18）。这些斗栱的雕刻比较简单，形态也并不复杂，简约中流露着名门望族的大气。当然，也不乏雕刻精美的斗栱，如"皇明戚里"正房，坐斗雕刻成瓜瓣形，下部如意云纹流畅柔顺，麻叶头也勾勒的十分精妙（图6-19）。

图6-17 怡园门楼斗栱

图6-18 "皇明戚里"院门楼斗栱

---

1 "踣"是指以正心栱为中心里外的出挑数。里外出一挑称三踩，出二挑称五踩，出三挑为七踩，出四挑为九踩。

图6-19 "皇明戚里"院正房檐下斗栱　图6-20 东岳庙齐天殿斗栱　　　图6-21 皇明戚里斗栱

图6-22 东岳庙正殿斗栱　　　图6-23 东岳庙正殿北侧斗栱　　图6-24 东岳庙献亭转角斗栱

图6-25 东岳庙献亭补间斗栱　　图6-26 东岳庙后官斗栱仰视　　图6-27 关帝庙斗栱

　　一些大殿和带垂莲柱的大门上，斗栱常精雕细琢，如意纹与祥云纹都较为常见（图6-20、图6-21）。

　　庙宇等公共建筑的斗栱相对等级更高。如东岳庙的斗栱，有多翘、多蚂蚱头，也有雕云龙、草龙等，栩栩如生（图6-22～图6-27）。

　　砖雕的斗栱虽然不起结构支撑的作用，但雕琢同样细致。"皇明戚里"院落影壁上的砖雕斗栱形态及雕刻与木构斗栱无异，甚至更显别致（图6-28）；东岳庙齐天殿前两侧的碑文上端用砖雕的斗栱和屋檐修饰，使其细节更加突出，观赏起来别有一番趣味（图6-29）。

图6-28 "皇明戚里"院影壁砖雕斗栱

图6-29 东岳庙齐天殿碑文砖雕斗栱

## 三、门窗

人们常说，"眼睛是心灵的窗户"，也许可以说，"门窗是建筑的眼睛"。

庭院深深，门窗作为连通室内外的构件，是整个建筑中十分活泼的部分，调节着整个庭院的气氛。而作为空气和光的通道，门窗对于建筑来说是不可或缺的，门窗的形式和窗格的构图，决定了建筑的外观和风格（图6-30）。

润城古镇中最常见的窗是方窗或简单的槛窗，形式相近，但棂条组合各不相同（图6-31～图6-33）；有些窗上为拱形，立面构图顿显活泼（图6-34）；而在门上方、墙上必要的位置也常常开一些漏窗，有圆形、菱形、花瓣形、"卍"字形等，一般没有窗棂，高度多在人的视线之上，构图灵活，十分生动（图6-35～图6-37）。

图6-30 "合淑善"院门窗

门可以分为板门（图6-38）和槅扇门，以槅扇门更为常见。槅扇门一般有四扇，中间两扇可开启。门上多有帘架，夏天挂上竹帘，将门打开以利通风；冬天挂棉帘，起到保温的作用（图6-39、图6-40）。

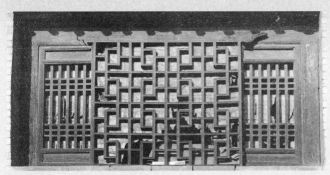

图6-31 延家院厢房二层窗

图6-32 衍庆居窗

图6-33 润城古镇窗实例

图6-34 上院拱形窗

图6-35 上宅漏窗

图6-36 职司居漏窗

图6-37 石家院漏窗

图6-38 职思居板门

图6-39 职思居正房门

图6-40 衍庆居门

  怡园槅扇门有六扇，称"三关六扇门"。左中右三段每段两扇，中间两扇开启，其余的只用作通风采光（图6-41）。

  槅扇通常由边梃、抹头、槅心（又称棂心）、裙版、绦环板等构成。最能体现门窗生动活泼的是千变万化的槅心部分，一根根细而挺直的木条相互拼接，形成各种各样的图案，满足通风采光的同时，装饰着整个建筑，也承载了人们对美好生活的期待（图6-42）。

图6-41 怡园"三关六扇门"

图6-42 衍庆居正房二层菱花窗格

图6-43 敦伦居正房槅扇

张敦仁故居敦伦居正房槅扇为直棂条，帘架采用"方胜纹"。由于图案方胜环环相扣，叠角相连，寓意"心心相印"，故常用在装饰中隐示"同心永结"之意。由于张敦仁故居的建筑整体来说比较高大，所以在槅扇门的上部还设有横披窗，菱形窗棂，梁思成先生称之为"斜交平棂"，拆开来看，像一条条鱼形首尾相接，故也称"鱼纹"窗棂，寓意"子嗣兴旺"（图6-43）。

　　润城门窗常见棂条组合还有套方锦（图6-44）、龟背锦（图6-45）、"卐"字纹或其变体（图6-46）、金钱纹（图6-47）等，均表达吉祥和美好的愿望。

　　总的来说，润城古镇的门窗样式丰富，棂条的组合产生不同的韵律，丰富着院落的景观，也表达着美好的寓意。

图6-44 马房院窗（套方锦）

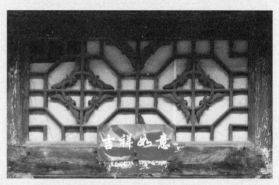

图6-45 石家院窗（龟背锦）

图6-46 砥洎城内某宅帘架（"卐字纹"变体）

图6-47 某宅帘架（金钱纹）

# 四、铺首门环

　　门环是用来叩门及开闭大门的金属环，铺首则是用来衔住门环的底座（图4-48）。以金为之，称金铺；以银为之，称银铺；以铜为之，称铜铺。铺首代表了一定社会等级，也表达了人们避祸求福保平安的美好心愿。

　　润城古镇的铺首多为圆形（图4-49），有些装饰"如意边"，上刻金钱、蝙蝠等吉祥纹样。也有横竖两条组成的铺首，造型简单大方（图4-50）。

金钱纹喻意"辟邪"和"富有"，迎合了大多数人求平安富足的心理需要，在古镇铺首中被广泛应用（图6-51～图6-54）。

万字符也是民间常用的吉祥符号之一，除了象征着神的庇护之外，还代表生命以及四季的交替。润城古镇中，万字符的铺首也较为常见（图6-55）。

蝙蝠的"蝠"与福、富谐音，是另一种常见的吉祥图案。加之丰富的想象和大胆的变形，把原来并不美的蝙蝠变得翅卷翔云，风度翩翩，借以表达美好的希望和追求（图6-56）。

图6-48 郭宅门环铺首

图6-49 "皇明戚里"院铺首

图6-50 东坪庙铺首

图6-51 不二圈某宅铺首

图6-52 "皇明戚里"内院铺首

图6-53 璜粉巷某宅铺首

图6-54 天坛山三教殿大门铺首

图6-55 "皇明戚里"院铺首

图6-56 张敦仁故居铺首

图6-57 简静居铺首与铁叶

　　在铺首的两边常常设置铁叶，用以防止开关门闩时刮坏门扇。后来逐渐发展成装饰的一部分，在不少大门铺首的两边都置铁页，与铺首构成一组吉祥图案，以表达美好的寓意（图6-57）。

# 五、栏杆

润城古镇的建筑二层常有挑廊，因此栏杆是必不可少的。栏杆均为木制，一般由望柱、寻杖、腰枋、棂条、下枋、栏板、地栿等组成（图6-58），装饰精妙，与院落的整体氛围和谐统一。

如衍庆居的栏杆，寻杖下面的垫块，左侧是花瓶祥纹，寓平安顺意；中间为牡丹胜放，国色天香；右边雕聚宝盆，饱含衣食无忧，富贵满堂的祝福。枋下为花格棂条，间隔处雕有净瓶，栏板为团寿图案，"寿"字笔画不断，寓意生命绵延（图6-59）。棂条连接等细微之处也都精细雕琢，不禁让人折服。前人对于幸福生活的憧憬和期待以如此智慧的形式跨越数百年沉淀下来，如今依旧熠熠生辉（图6-60）。

寻杖

云栱

腰枋

花格棂条

下枋

栏板

地栿

图6-58 木栏杆组成（衍庆居）

图6-59 衍庆居栏杆图

图6-60 衍庆居栏杆

　　各宅院栏杆的主要差异在于棂条部分。简单一些的如"皇明戚里"院、八宅、马房院的直棂条（图6-61～图6-63）；或稍有变化，如"德淑芳踪"院的曲线棂条（图6-64）；"万字纹"式棂条比较常见，应用较广，如简静居栏杆（图6-65）；敬近居和上宅都采用斜纹栏杆，样式相近（图6-66、图6-67）；东岳庙后殿采用菱形加斜纹的栏杆（图6-68）；还有的棂条采用长八块柴式，意喻"发财"（图6-69）等。

图6-61 "皇明戚里"内院正房栏杆

图6-62 八宅栏杆

图6-63 马房院左天井栏杆

图6-64 德淑芳踪栏杆

图6-65 简静居栏杆

图6-66 敬近居正房栏杆

图6-67 上宅栏杆

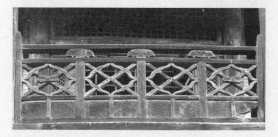

图6-68 东岳庙后殿二楼栏杆

图6-69 某院落栏杆

　　栏杆雕刻最为精彩的部分当数云栱，一个个吉祥图案呼之欲出，十分精妙。云栱雕刻的主题有动物（图6-70）、植物（图6-71）、聚宝盆（图6-72）、文字（图6-73）、云纹（图6-74）等，十分精妙。

图6-70 动物类图案云栱

图6-71 植物类图案云栱

图6-72 "聚宝盆"图案云栱

图6-73 文字图案云栱

图6-74 云纹图案云栱

# 六、柱础

柱础是柱子下面所垫的构件，多为石质，用于传递和承载上部荷载，同时防止地面湿气对木柱的侵蚀。润城古镇中鼓形柱础较为常见。民间传说中，鼓代表坤、地、阴，鼓形的柱础寓意以大地的厚重来支撑整个建筑。几腿型柱础也较多。

东岳庙的柱础是典型的鼓形柱础，上部为鼓，下部为上小下大之莲瓣（图6-75）。

"皇明戚里"院柱础为铜制，体量虽大，但因形态丰富，并不显得笨重。上部为鼓，下有肚、腰、脚等部分，收腰明显，有简单的装饰，整体构成十分精巧（图6-76）。

几腿式柱础有四边形和六边形两种，多数没有复杂的雕刻，只在柱腿部分稍加修饰（图6-77、图6-78）。

有些柱础上有生动的石雕，梁家院遗留的柱础覆盆上雕俯莲，莲瓣历历在目（图6-79）；厅房院的几腿式柱础中间高浮雕几组动物，形态十分生动（图6-80）。有些柱础没有雕刻，称作素柱础。

根据柱础的位置和人的视线等原因，柱础可分为看面和隐面。隐面相对简单；而四面都可见的檐柱、门厅、明间等位置的柱础则需重点加工，用以强化建筑的整体效果和达到视觉的平衡（图6-81）。

图6-75 东岳庙正殿鼓形莲瓣覆盆式柱础　图6-76 皇明戚里院柱础

图6-77 几腿式柱础

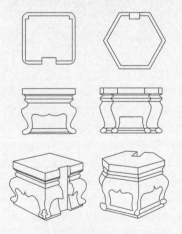

图6-78 几腿式柱础详图

图6-79 梁家柱础石俯莲雕刻

图6-80 栗家大院厅房院柱础浮雕

图6-81 东岳庙正殿柱础

# 七、抱鼓石

　　抱鼓石立于宅门两侧，一般与门枕石连做，抱鼓石在门外，门枕石在门内，共同起到安放门扇并平衡门扇重量的作用（图6-82）。抱鼓石形式丰富，装饰性强，象征一定的身份和地位。

　　润城古镇中相对较多的是圆形抱鼓石，一般分为上下两个部分，上面叫做鼓子，约占抱鼓石全高的三分之二，圆形鼓子中心部分雕有花草纹、动物纹、神兽纹等一些吉祥纹，如菊花、莲花、牡丹、麒麟、仙鹤、鹿等，蕴意深刻（图6-83），也有的鼓面没有雕饰（图6-84）。下面的基座多采用须弥座形式，由上枋、下枋、上枭、下枭、束腰、圭角等组成。一些抱鼓石不用须弥座，圆鼓直接座在整块大石上（图6-85）。多数抱鼓石细部十分精致，鼓钉、小兽等清晰可见（图6-86）。

　　古镇中还有一些兽形抱鼓石，主要是石狮，如栗家大院厅房院的石狮抱鼓石。两座石狮一雄一雌，雌狮身上俏皮的趴着一只小狮子，栩栩如生，憨态可掬，足见当时雕刻技术的出众（图6-87）。

图6-82 "皇明戚里"院抱鼓石

图6-83 南边街某宅院抱鼓石

图6-84　某宅院抱鼓石

图6-85　上宅抱鼓石

图6-86　抱鼓石细部

图6-87 栗家大院厅房院石狮抱鼓石

# 八、影壁

　　影壁又称照壁、萧墙，起到遮挡视线、分隔空间、增加私密性等作用。从风水的角度，可以避免"气冲"，保持"气畅"，同时代表一定的等级[1]。后期影壁的装饰作用愈发重要，成为庭院内外精雕细琢的艺术品。

　　根据所处位置的不同，润城古镇的影壁可以分为外影壁和内影壁两种。外影壁一般是独立的一道墙，正对建筑的大门，起到空间上的界定；内影壁则位于庭院内，成为初入院落的视觉焦点，多嵌于正对大门的墙上。内外影壁的构图基本相同，分为影壁顶、影壁心和影壁座三个部分。影壁顶仿照建筑屋顶的样式，雕刻精细的壁顶还会有吻兽；影壁心是影壁的中间部分，一般会在壁面的中心和四角做精细的雕刻；影壁座多为须弥座，也有的只用一块简单的基石。

---

1《礼记正义》卷三曲礼上第一中言："《礼》：天子外屏，诸侯内屏，卿大夫以帘，士以帷。外屏，门外为之。内屏，门内为之。"

图6-88 上宅影壁

图6-89 敦伦居影壁

图6-90 栗家大院厅房院影壁

图6-91 栗家现宅影壁

图6-92 衍庆居影壁详图

　　润城古镇大多数宅院都有影壁，有的雕刻精巧细致（图6-88），有的简单大方（图6-89）。典型的如栗家大院厅房院影壁，壁顶石刻屋檐层层叠叠，斗栱精巧可爱；壁面上角雕凤凰展翅，下角雕海马流云，中间部分雕麒麟；壁座为须弥座（图6-90）。栗家现宅的影壁亦有斗栱和须弥座壁座，壁心分割精巧，雕刻细致（图6-91）。雕刻最为细腻的当属衍庆居的内影壁（图4-49、图6-92），壁面四角雕祥云纹，壁心是翠竹寿石雕，意喻长寿，有吉祥之意。

图6-93 衍庆居木雕

# 九、其他木雕

言木雕之精致，重在细微之处，润城古镇建筑中，木构节点随处可见，常精雕细琢各种吉祥图案，集装饰与构造于一身。

一层大梁与二层楼板之间的垫块是木雕的重点部分，雕刻手法多样，内容丰富，有花鸟图案，也有吉祥纹样等（图6-93～图6-100）。

门簪、雁翅板也是雕饰的重点，吉祥文字、如意纹等十分常见，运用巧妙的形状、精致的组合，既起到构造、装饰作用，又表达美好愿望（图6-101、图6-102）。

图6-94 鸿胪第木雕

图6-95 衍庆居木雕（富贵满堂）

图6-96 职思居的如意图案木雕

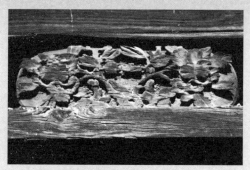

图6-97 东岳庙后宫木雕

图6-98 某宅木雕

图6-99 职思居木雕

图6-100 东岳庙后宫木雕

图6-101 门簪雕刻

图6-102 雁翅板雕刻

# 十、匾额

    如果说建筑会传情达意，除了它的外观、形态之外，思想表达最直接部分就是匾额。匾额多悬于门楣或者檐下，通过文字、书法、篆刻等表达某种思想。我国的匾额文化历史悠久，独具特色，上至皇家宫殿，下至百姓人家，都会在建筑点睛的部位配上一块匾额，以表达主人的信仰和追求，体现深刻的人文内涵（图6-103）。

图6-103 淑善院匾额

润城古镇的匾额有木质和石质两种，雕刻并不复杂，字体有行、楷、篆体等，与整体风格相宜。匾额内涵丰富而深刻，反映了古镇悠久的历史和欣欣向荣的文化。从内容上看，大体分为以下几种类型：

## 1.表明主人身份，大多非官即宦

古时读书多数为了考取功名，及第之后大多为官——这是古镇人莫大的光荣，所以总是将这种常人得不到的荣耀表达在匾额上。这些彰显身份的匾额有些以考取的功名为题，如"文魁"、"经元"

图6-104 "文魁"匾额

图6-105 "鸿胪第"匾额

图6-106 "皇明戚里"院匾额

等（图6-104、如6-105）；有些则表达家族的显赫，如"皇明戚里"、"恩泽三世"等（图6-106、图6-107）。

## 2.寄托感情，表达志向

润城人崇尚读书，许多匾额极具书香气质，如"德溯芳踪"、"仪文硕学"等（图6-108、图6-109）。受儒家思想的影响，良好的道德行为受到古镇人们的敬重，也是人们崇尚并追求的品质。这样的匾额很多，如"耕心种德"、"怀德居"、"谦益居"、"安处善"、"衍庆居"等（图6-110、图6-111）。除了崇德，也有表达宏伟志向的，如"业广德崇"、"崇文经舍"等（图6-112、图6-113）。

图6-107 "恩荣三世"匾额

图6-108 "德溯芳踪"匾额

图6-109 "懿文硕学"匾额

图6-110 "安处善"匾额

图6-111 "衍庆居"匾额

图6-112　"业广德崇"匾额

图6-113　"崇文精舍"匾额

### 3.以景为意，表达对世外桃源的向往

有些地处静谧之处有宜人之景的宅院，便以此为匾额题字，如"近光居"、"松风竹韵"、"饮绿"、"青环翠绕"等（图6-114～图6-117）；还有些表达美好意向，如"集瑞居"、"花萼相辉"等（图6-118，图6-119）。

古镇一些巷道的牌楼和门楼上常常也有匾额，刻有标示名称或具有深蕴的词句，文学价值颇高。

润城的匾额各具特色，体现出深厚的底蕴，是古镇独具特色的艺术文化的重要组成部分，其影响延续至今。

图6-114　"近光居"匾额

图6-115　"松风竹韵"匾额

图6-116 "饮绿"匾额

图6-117 "青环翠绕"匾额

图6-118 "集瑞居"匾额

图6-119 "花萼相辉"院匾额

# 附　录

## 附录1　历史建筑测绘图选录

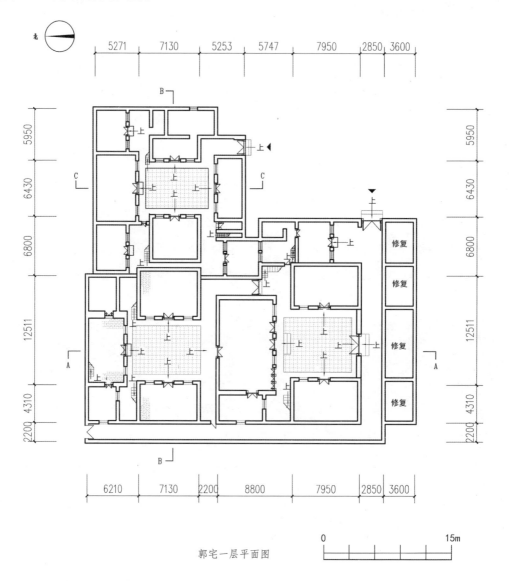

郭宅一层平面图

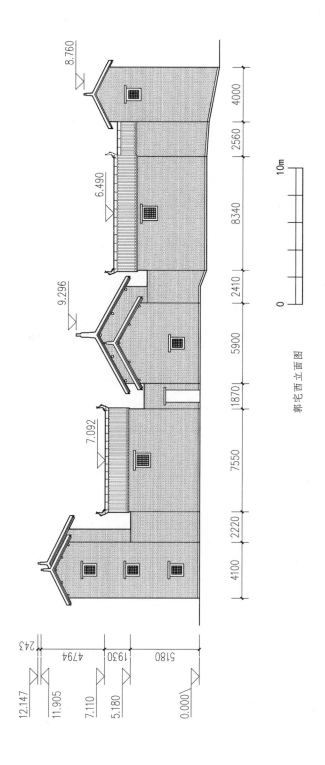

郭宅西立面图

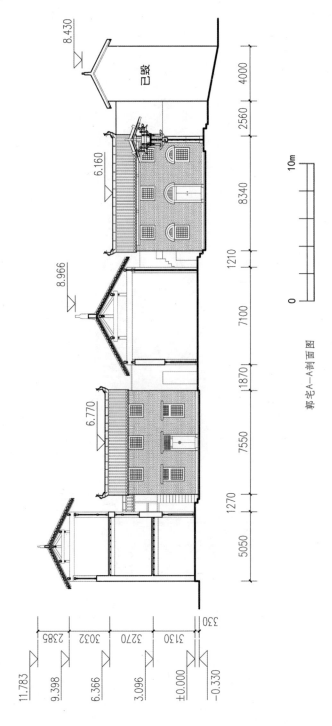

郭宅A—A剖面图

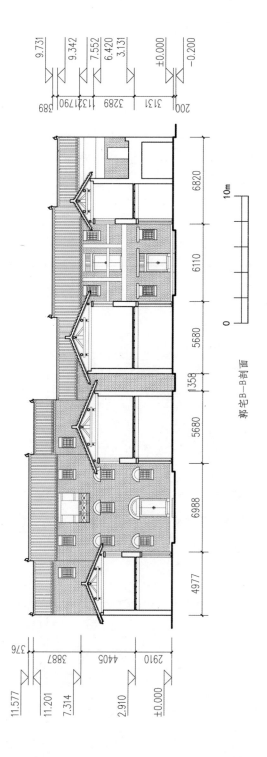

郭宅B—B剖面

10m

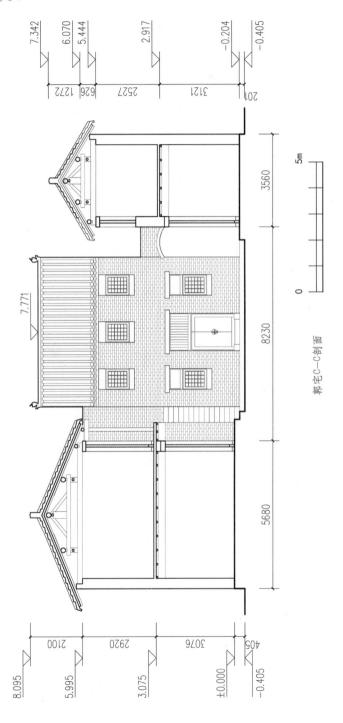

郭宅C—C剖面

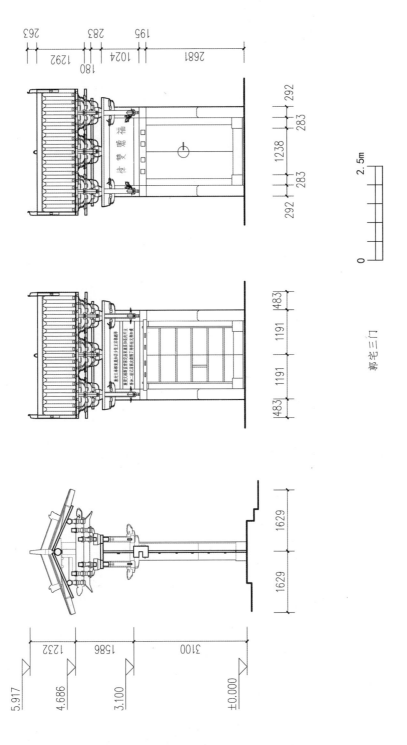

郭宅三门

2.5m

0

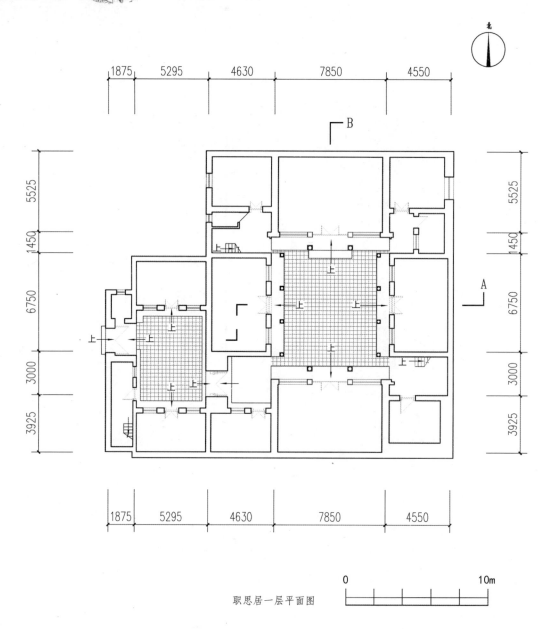

职思居一层平面图

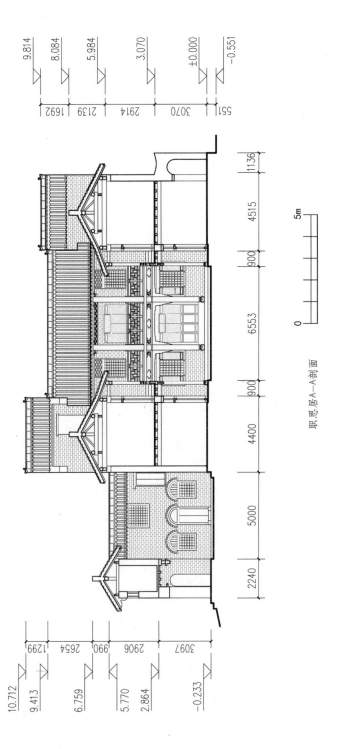

聑思居A—A剖面

5m

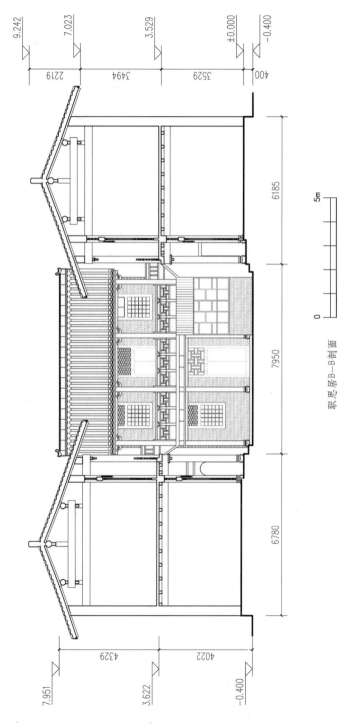

职思居B—B剖面

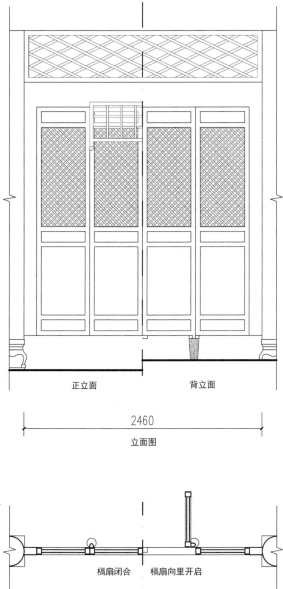

正立面　　　　　　　背立面

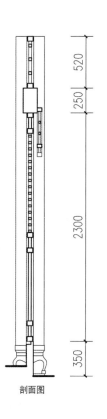

剖面图

2460

立面图

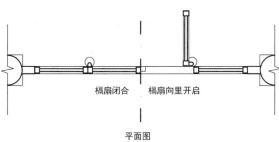

榻扇闭合　　榻扇向里开启

平面图

职思居正房榻扇大样图

0　　　　　　　　　　　1m

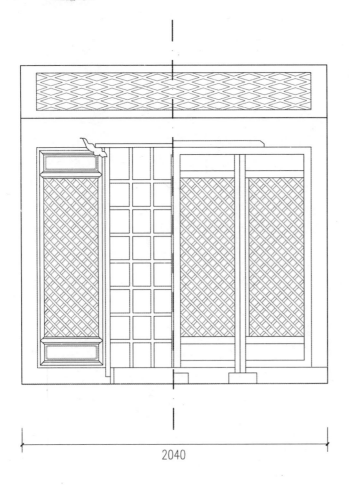

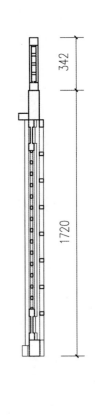

2040

342

1720

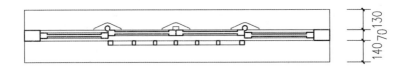

140 70 130

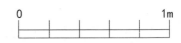

0 1m

职思居正房窗大样图

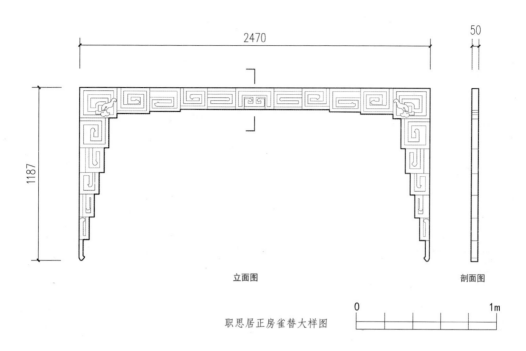

2470

50

1187

立面图

剖面图

0 1m

职思居正房雀替大样图

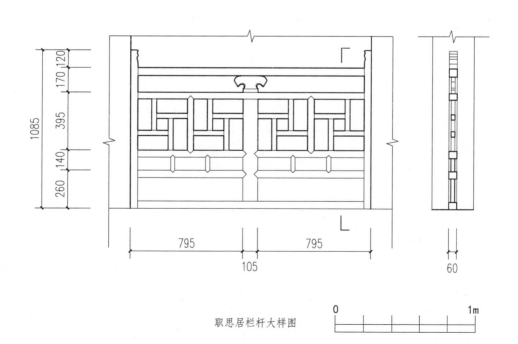

170 120

1085

395

140

260

795 795

105

60

0 1m

职思居栏杆大样图

300

300

40

职思居正房雁翅板纹样

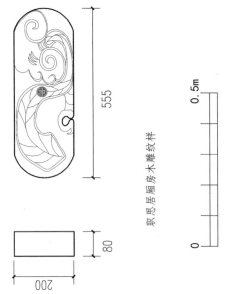

555

200

80

职思居厢房木雕纹样

0.5m

0

职思居木雕大样图

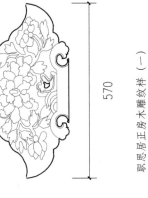

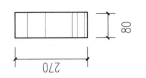

570

80

270

职思居正房木雕纹样（一）

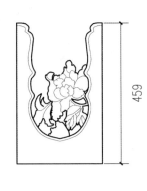

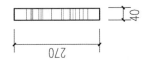

459

40

270

职思居正房木雕纹样（二）

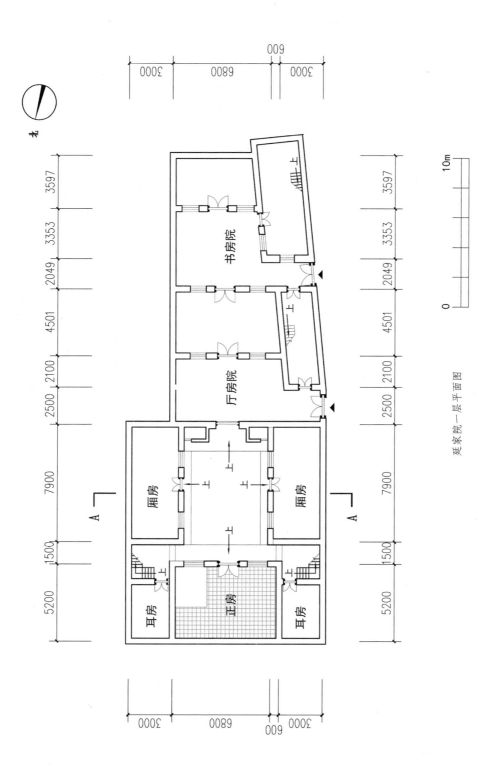

北

600

3000　6800　3000

3597

3353

2049

书房院

4501

2100

厅房院

2500

7900

厢房　厢房

1500

5200

耳房　正房　耳房

A　A

延家院一层平面图

10m

0

3000　6800　600　3000

润城古镇

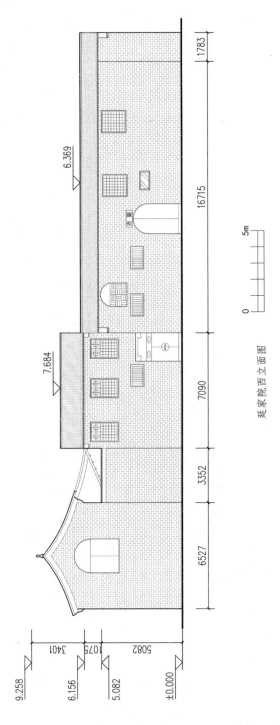

延家院西立面图

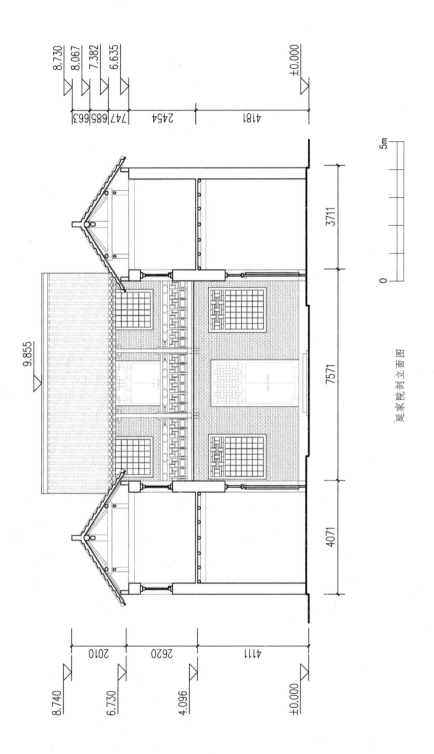

延家院剖立面图

8.730
8.067
7.382
6.635
±0.000

663 665 685 747 2454 4181

3711 7571 4071

9.855

8.740
6.730
4.096
±0.000

2010 2620 4111

0 5m

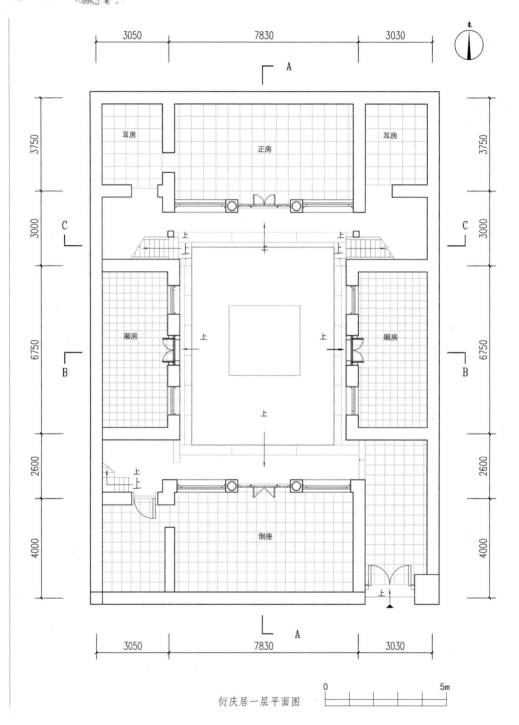

衍庆居一层平面图

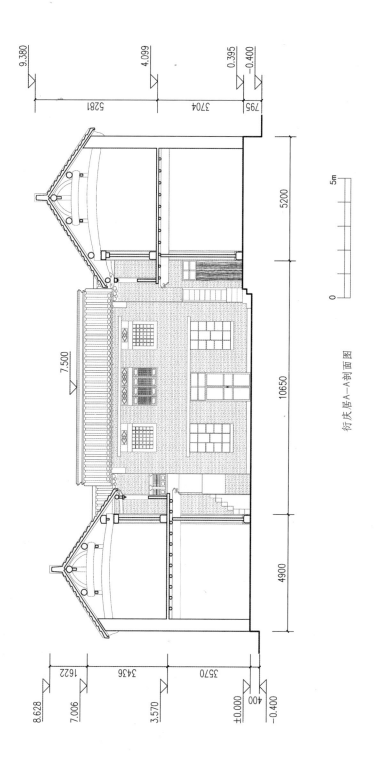

衍庆居A—A剖面图

0  5m

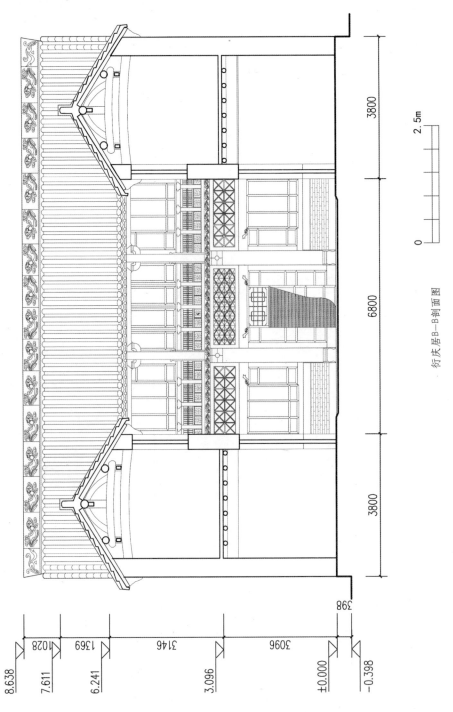

衍庆居B—B剖面图

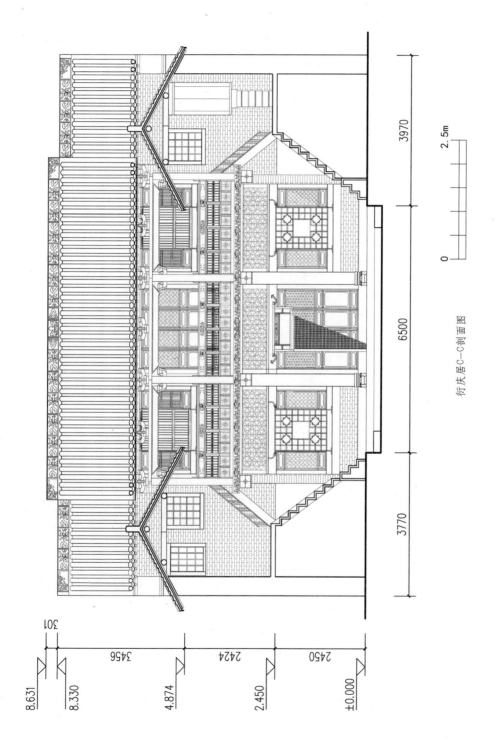

衍庆居C—C割面图

0    2.5m

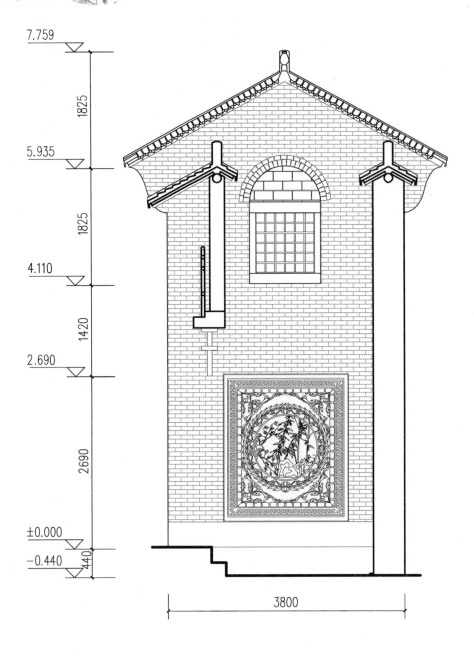

7.759

1825

5.935

1825

4.110

1420

2.690

2690

±0.000

−0.440

440

3800

衍庆居东厢房山墙立面图

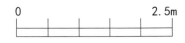

0                                    2.5m

2290

2000

衍庆居内照壁雕刻图

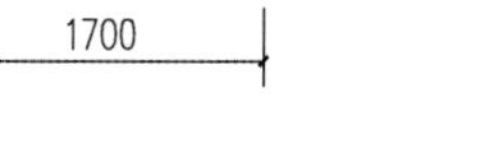

0            1m

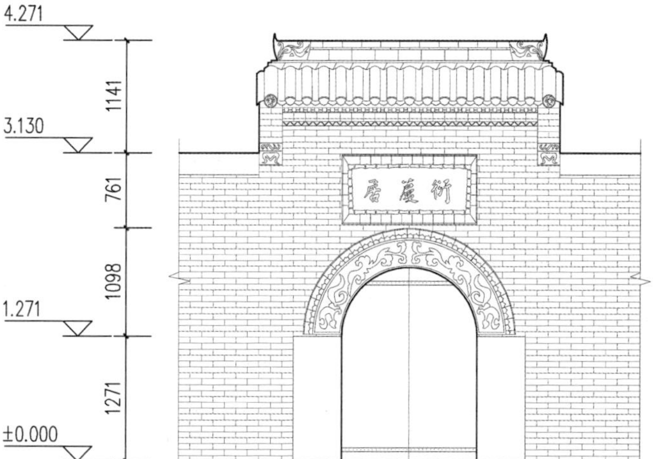

4.271

1141

3.130

761

1098

1.271

1271

±0.000

衍庆居

1700    700    700    1700

衍庆居大门立面图

0           2.5m

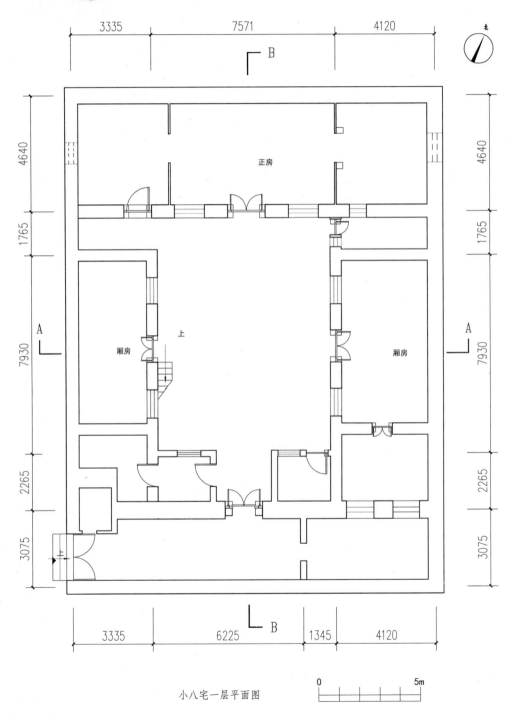

正房

厢房

上

厢房

上

小八宅一层平面图

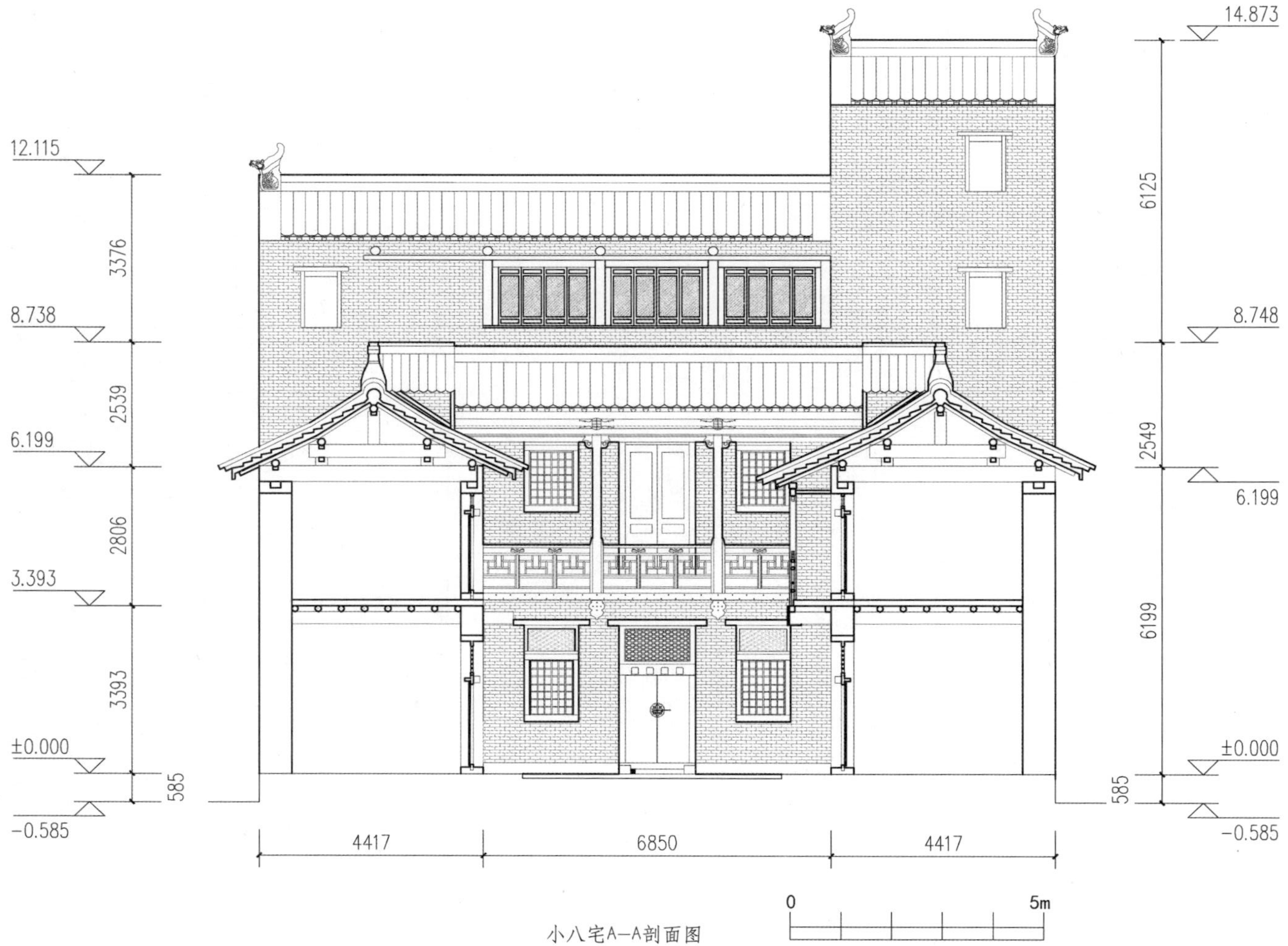

小八宅A—A剖面图

14.873

8.748

6.199

±0.000

−0.585

6125

2549

6199

585

4417

6850

4417

0

5m

585

12.115

8.738

6.199

3.393

±0.000

−0.585

3376

2539

2806

3393

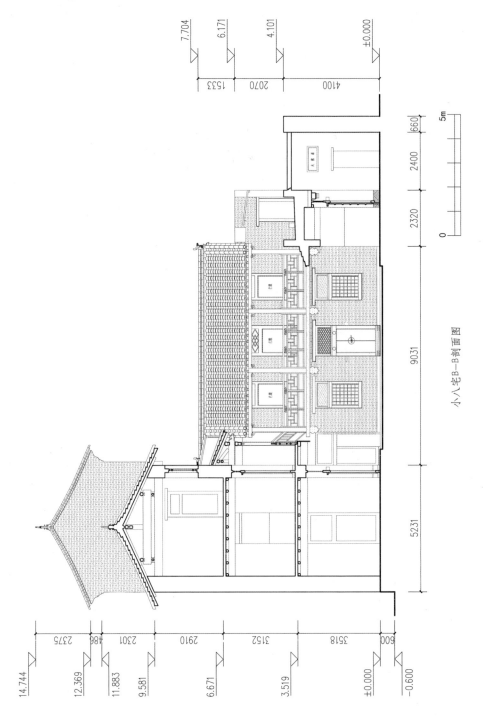

小八宅B—B剖面图

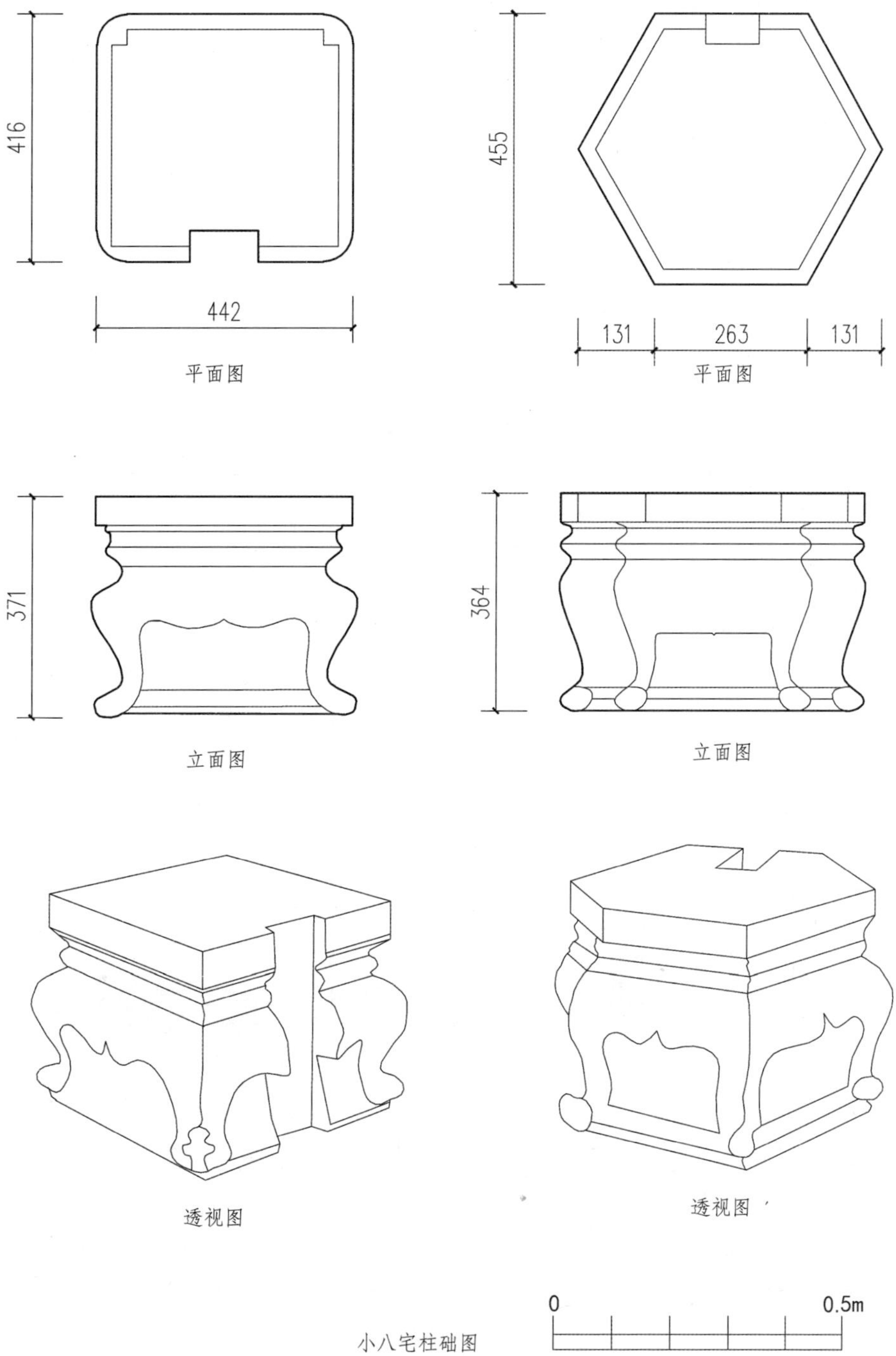

416

442

平面图

455

131    263    131

平面图

371

立面图

364

立面图

透视图

透视图

小八宅柱础图

0                                    0.5m

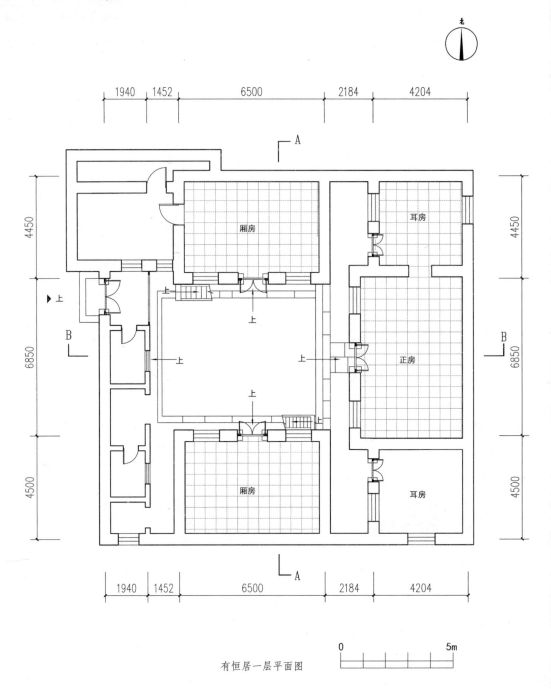

有恒居一层平面图

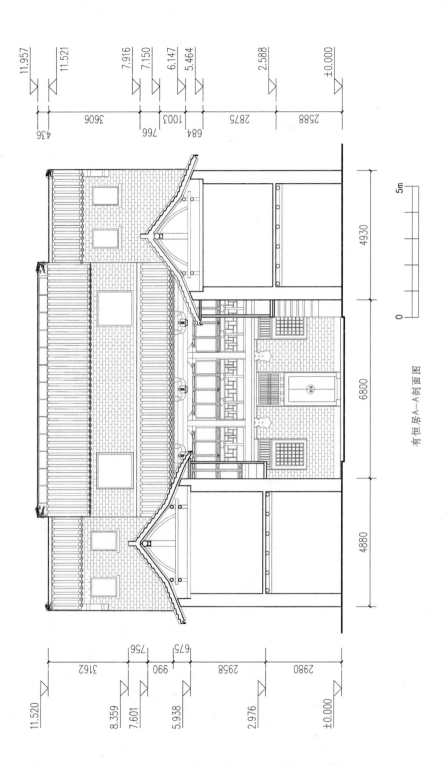

11.957
11.521
7.916
7.150
6.147
5.464
2.588
±0.000

436
3606
766
1003
684
2875
2588

4930
6800
4880

0　　　5m

有恒居A—A剖面图

3162
756
990
675
2958
2980

11.520
8.359
7.601
5.938
2.976
±0.000

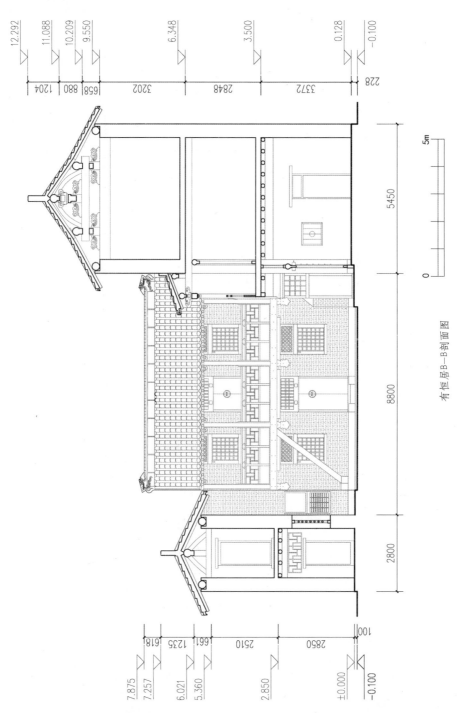

有恒居B—B剖面图

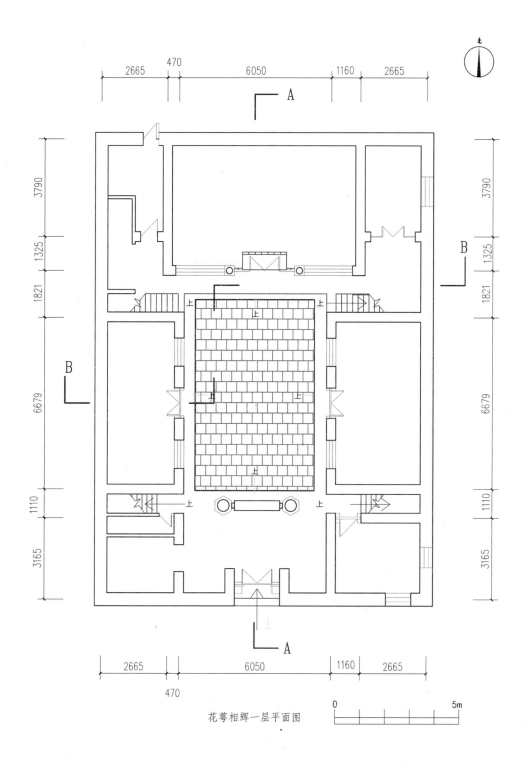

花萼相辉一层平面图

0                5m

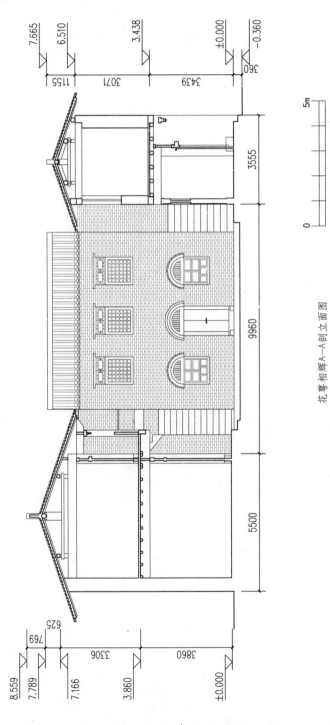

花萼相辉A-A剖立面图

0 ___ 5m

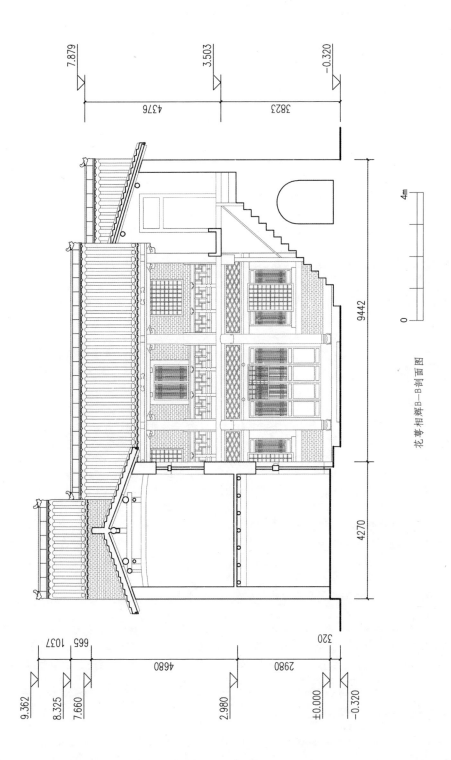

花萼相辉B-B剖面图

## 附录2 碑文、诗文及史料选录

### 1. 墓志铭并序[1]

　　若阎浮□界各已荣华，生死轮还归于苦海，四大□□不无常，一切众生有于浮土泡幻之事。色即是空，遍代流传，孝行之本，合拊崇矣。故述题言。

　　维，大唐泽州阳城金谷乡土门里小城村，因大和八年，岁次丙寅，十一月乙未，朔八日甲寅。太原郡王，祖讳宾，婆讳郭氏，父讳铨，母讳庞氏，本贯晋州岳阳县遥城乡尺壁里上义坊人也。顷逢时乱失邑，移乡泽州阳城数十年矣。素无官宦，孝悌传家，兄弟义居，□□□之语，上下和睦，又□闿训。伏惟亡考，性同竹马，行直如弦，抚下无偏。□元和六年，寿终归于逝水。伏维亡妣，闺仪有责，妇德可观，志贞良以守节，性敏慧而恭眼，何盍青肓之瘵，二竖褪焉。针不可达，药不能痊，奄从风烛，魂归下泉。未赴安厝，榷殡丘园。长男王叔清及诸兄弟小□旻、神、佑四人，□罪逆深重，不自死灭，上延亡妣，号天叩地，不能堪居。用此吉辰迁殡。发棺榇而哀恸，葬魂魄之平原，卜其宅地安厝□田，谨陈祭奠，愿灵歆焉。礼制以毕，伏维降宣，乃谓词曰：西占沁漾水，东阜近高岗，北倚大神庙，南观道路傍。

### 2. 重修东岳庙碑记[2]

　　润城古名小城，脉势围固，水绕山环，人聚风秀，今古无宦。自嘉靖三十八年（1559年），蒙县主张爷，陕西西宁人，进士出身，嫌村名不好，祈吕仙鸾笔，改为润城。至改后，民淳繁富，人物端清。至万历十八年（1590年），本镇一案学进六人，乃生于改润之兆。镇中古有东岳庙三进，东西廊并七十四祠圣像，年远倾毁无□，止存正殿、舞楼、上下三门等，庙俱塌上倒下，风雨难遮。人敬神而必灵，神佑人而赐福，庙新村壮，庙破村穷，人人叹□。意为者惧功大力微，众视揑托，数春不敢擅为。万历二十年，蒙县主叶爷，山东德州人，进士出身，亲谒乡约，见殿塌毁，张诏等禀建，慨得金语重修。本年正月二十一日祭设，请village百众共议为首四十余人。凡布施各坊社首，犹秦辙舌话，善缘成功，有催有纳，有收有支，销洗心言，誓不得一人由己。寄居善人张世德，施银百金。感镇民诚心竭力，本村随社一千五百家余，喜舍资帛木石等项，家家争先迎送布施，户户夺前造管肉饭。他乡奸离鞭惩国税而不纳，我镇良民善敢神社而肯施，真乃神威惊心，首理惟公服众也。

　　计开：各有认定所管行头，总议社首四十二人列名于后。十二坊贤能勤劳督运社首：三圣坊延人贤、商冲昊；铸佛坊栗汝秀、石乔；神佑坊王进卿、延时敏；街市坊延是春、延一元；神佐坊王继商、翟继臣、杨梯；镇溪坊张永亨、吴应雷、卢一支；文林坊杨思敏、延时兴；通沁坊王登隆、延景

---

1 出土于润城村东坪地下。
2 现存于润城村东岳庙齐天殿正立面东墙壁。

山；临沁坊曹思富、卢鸣霆，佛岩坊张国鉴、张洵；玉泉坊王继美、郝加兴；玄阁坊延贞、延庆、延养志。

……

大明万历二十一年五月二十一日社首四十二人张昭等仝立

## 3. 清史稿 卷四百七十八 列传二百六十五 张敦仁篇

张敦仁，字古愚，山西阳城人。乾隆四十年进士，授江西高安知县，调庐陵。精於吏事，有循声。迁铜鼓营同知，署九江、抚州、南安、饶州诸府事。嘉庆初，改官江苏，历松江、苏州、江宁知府。六年，调授江西吉安。沿赣江多盗，遴健吏专司巡缉，责盗族擒首恶，毋匿逋逃，萑苻以靖，民德之。再署南昌，寻实授。所属武宁民妇与二人私，杀其夫，前守以夫死途中，非由妇奸报。敦仁覆鞫词无异，而其幼子但哭不言，疑之。请留前守同谳，遂得谋杀移尸状，狱乃定。龙泉天地会匪滋事，巡抚檄敦仁往按，未至，镇道已发兵擒二百馀人，民惶惧。敦仁廉知匪党与温氏子有隙，非叛逆，法当末减，坐为首二人。又会匪素肆掠，富室为保家计，多伴附，实未身与。事发株连，囹圄为满。讯察其冤，尽得释。道光二年，擢云南盐法道，寻以病乞致仕。敦仁博学，精考订，公暇即事著述，所刻书多称善本。寄寓江宁，卒，年八十有二。著书遭乱多佚。

## 4. 朱文公家训[1]

黎明即起，洒扫庭除，要内外整洁，既昏便息，关锁门户，必亲自检点。一粥一饭，当思来处不易。半丝半缕，恒念物力维艰。宜未雨而绸缪，毋临渴而掘井。自奉必须俭约，宴客切勿留连。器具质而洁，瓦缶胜金玉。饮食约而精，园蔬胜珍馐。勿营华屋，勿谋良田。三姑六婆，实淫盗之媒。婢美妾娇，非闺房之福。奴仆勿用俊美，妻妾切忌艳妆。祖宗虽远，祭祀不可不诚。子孙虽愚，经书不可不读。居身务期质朴，教子要有义方。勿贪意外之财，勿饮过量之酒。与肩挑贸易，勿占便宜。见贫苦亲邻，须多温恤。刻薄成家，理无久享。伦常乖舛，立见消亡。兄弟叔侄，须多分润寡。长幼内外，宜法属辞严。听妇言，乖骨肉，岂是丈夫。重资财，薄父母，不成人子。嫁女择佳婿，毋索重聘。娶媳求淑女，毋计厚奁。见富贵而生谗容者，最可耻。遇贫穷而作骄态者，贱莫甚。

居家戒争讼，讼则终凶。处世戒多言，言多必失。毋恃势力而凌逼孤寡，勿贪口腹而恣杀生禽。乖僻自是，悔误必多。颓惰自甘，家道难成。狎昵恶少，久必受其累。屈志老成，急则可相依。轻听发言，安知非人之谮诉，当忍耐三思。因事相争，安知非我之不是，须平心暗想。施惠勿念，受恩莫忘。凡事当留余地，得意不宜再往。人有喜庆，不可生妒忌心。人有祸患，不可生喜幸心。善欲人见，不是真善。恶恐人知，便是大恶。见色而起淫心，报在妻女。匿怨而用暗箭，祸延子孙。家门和顺，虽饔飧不继，亦有余欢。

国课早完，即囊橐无余，自得至乐。读书志在圣贤，为官心存君国。守分安命，顺时听天。为人若此，庶乎近焉。

乾隆四十五年岁次庚子孟陬之月后学　　张敦仁敬录

---

[1]　现存于砥洎城懿文硕学内，原为张氏学堂。

## 5. 渗菜词 张晋[1]

　　吾乡风俗，每秋月摘豆叶，缕切贮瓮，压以石。久之，其酸震齿于九月间携向清溪淘净，名曰"渗菜"，所以储冬食也。作《渗菜词》。

秋溪泠泠秋山外，秋闺女儿渗秋菜。
银刀缕切豆叶黄，阿娘看家阿嫂忙。
初阳微红照溪口，水寒冰彻缝裳手。
低鬟敛鬓畏见人，软沙冷石堆红裙。
竹筛溜溪水纹细，浓汁搅波水先腻。
须臾淘尽置荆筐，以手作团等游戏。
大官庖厨罗珍羞，梁肉抛弃无人收。
红炉暖阁袖手坐，可怜哪识穷檐愁。
我亦清寒叹终窭，枵腹谁能辨鸡黍。
从今任笑腐儒腐，咬断菜根不言苦。

## 6. 养蚕行 张晋[2]

天不雨，桑叶稀；蚕满箔，常苦饥。
闺中愁煞养蚕女，蚕不得饱丝难吐。
我闻从儿食乳蚕食桑，舍此二物无以尝。
昂头辗转等侬哺，掩面怕视心悲伤。
典衣市叶及早凉，百钱一斤何足详。
低声诉与马头娘："且使侬蚕得一饱，纵不作蚕侬不恼"。

## 7. 创制土碾记[3]

　　砥洎寨以千记，一大聚落也。弹丸之区，无多碓磑。遇兵警，关门固守。仰粒食者如鳞集，侯春夜以继日，居人每发有谷无米之叹，相兴谋置土碾。然邑贫瘠，取给于贩连视力日者倍。必以土碾为要务□□哉，

　　清于顺治甲申乙丑岁，两遭兵厄，塞门者累日始知土碾为急务也，予同三五首事诸君，向有田者持钵，不克症，绩遒好义者谓十年变故，安论有田无田，人有同心，事有同举，济民用耳。邑旧有槽碾安置河东口官□□寨外地基□□五盖新置公田也，好施好义□□镌诸石，出入支销开歀以表□后云

大清顺治七年岁次庚寅仲春吉旦

邑增生　杨载简　識

---

1 《润城古代诗文选编》，田澍中主编，山西人民出版社2003年版。
2 现存于润城村东岳庙齐天大殿正立面东墙壁。
3 现存于砥洎城小八宅内。

总理创置首事　　张念祖　　延文英
　　　　　　　　　白含章　　蔡　藻
　　　　　　　　　杨载简

## 8. 补修西城并两瓮东西围墙壁记[1]

　　收使用开后
　　收
文社公项钱捌拾千文

|  |  |
|---|---|
| 敬神开工 | 小七十二文 |
| 砖瓦石头 | 小廿二千〇六十文 |
| 灰垛椽绳 | 小十五千二百四十六文 |
| 买水送灰渣 | 小六千八百九十八文 |
| 襟费 | 小六千八百九十八文 |
| 匠工小工 | 小二十九千一百卅文 |
| 犒工谢匠 | 小五千文 |
| 石壁刻字工 | 小一千二百文 |

以上共使用钱捌拾三千零七十七文

除收净短钱三千零七十七文
　　　　　　　　　积庆堂認讫
大清咸丰三年九月吉日公立

## 9. 重修东坪庙碑[2]

重修东坪庙　　元帝庙碑

　　余观，夫少城胜概多在东坪一山，而东坪胜概尤在观上一阁，远则析城望莽罗列，近则沁水樊溪环绕山麓，则居人稠密，商贾辐辏，烟火者盖数千余家(翠眉紫台，亦皆襟山带水，但不若兹山上独揽其胜，且其地有幽雅之趣)。山水登临之美，人物都邑之盛，虽未媲与金陵钱塘，以吾晋方之兴摩浩之辋川，表圣之王官谷盖亦伯仲之间耳，惟是历年既久风雨摧残，将有崩圮之虞，而大殿春秋阁、西庭与黑虎灵官等殿，亦皆崩圮可虞芨芨不可终日，则备观美者，犹后无以妥。

　　神灵而泯怨恫是，则有心者之所以大不安也。本镇潆回延君，目击心伤，既然兴修葺之念，一人独倡于先，假亲友以募于四方，谋社众以募于本土，更联育之阁君、族容斋为同伴三人者，戮力同心朝夕部署督理，越五月而工告竣。于是向之崩圮可虞者，今皆焕然一新矣。则安神灵，而壮观瞻，不大有赖于斯举也哉。其效带姓氏与施财芳名，均不可没其美也，是也勒之贞珉垂诸永久云。

---

1　现存于砥洎城南门城楼上。
2　现存于润城村东坪庙过厅。

大清道光十二年岁次壬辰孟秋之月吉旦

## 10. 补修黑龙庙壁记[1]

　　砥洎城为一镇之元首，其北巍然傑出势若头角者则黑龙祠上踞焉。下临深渊，鱼龙出没，神威显赫，有感輒□，岁久习常，人心玩忽，殿宇塵封，炉烟冷寂，暑月风高。不过为居人披襟乘凉之所，而神之精爽幾莫知何，處憑依矣。乾隆戊戌岁大祲，去年无禾。今夏无麥，五月盃舌尽而秋种尚未入土，徧祷山川，杳无应验，忽六月十九日傍午浓云密布，白昼欲晦，一般霹雳。一龙沿庙后墙而起，凌檐而上，其时在庙被震者三四人。莫不顛仆昏绝。甚者至于衣裂履碎，发焦肤炙，及逾时而甦，各称无恙，则并不知雷轰电掣之为何。若也，灵矣。神乎其剛无乃若是乎，先是邑城张明经以祈雨之献策，邑侠作纸龙六七陈坛以祭，亦孰知真龙之潜伏，固有在而蚩蚩者，亦莫能测也，从此澍雨迭施，农事霑足。神之威灵耀人耳目。即至愚人入庙，无不凛凛，其尚敢有狎而玩之者谁耶？神宇宜葺，神像宜新，工竣勒石，为其叙其事寔俾后之诣是庙者，知神之显圣固有如此者。

里人　　张章　志

龙飞乾隆四十三年岁次戊戌仲冬吉旦

## 11. 重修黑龙庙碑记[2]

承德郎户部贵州清吏司主事体斋张茂生撰
承德郎浙江严州府通判子立王嘉植篆额
候选州同知□山杨大酉书丹
今
上御极之二十三年，海内荡平，凡邦国郡邑，百废俱兴，吾镇寨之黑龙神庙亦于是告成。余生也晚，不能溯庙之创始何年，第闻诸父老佥
　　云：明壬申癸酉间，流氛肆虐，朝不保夕，镇人士为避凶锋，计就寨垣而扩大之，维时财力匮乏，神庙仍旧。庚辰岁，醵使松石王先生，纠集乡曲，复谋营缮，上祀黑龙神，下
　　龕大士，南向北向，位置天然，兼以黝垩丹漆，栋宇巍峨，允
称壮丽，堪舆家言：镇之来龙自樊山由艮转亥，至□□山下，结聚村落，而庙居其巅，高插
层云。俯临深渊，屹然天塹形胜。因是烟火辏集，人文蔚起。科
第联翩而出，贸迁化居，挟泉刀而至者，踵相接也，盖罔不荷神庥云。迨康熙乙未秋，霪雨
　　浃旬，沁流鼓浪，寨墙倾圮，而庙亦随之，镇人士佥谋鼎新。金
钱之费，或均派诸地亩，或取给于捐输。适余□□之岁，曾以丁先王母艱，
　　跟跄旋里，目□庙废状，窃□庙不修则神不安，神不安则灾祲易生。寨不固则人不安，人不安则室家堪虞。日佐首事诸君子劝勉董率，越甲子而始竣事。余方复补版署，首事诸君子缄书至京师，属记于余。余闻之，凡民可与乐

---

1 现存于砥洎城黑龙庙旁。
2 现存于砥洎城黑龙庙旁。

成，维与虑始，则首事之难也。又闻之，靡不□心，鲜克以终，则垂成之难也。且也聚壤成岱，集腋成裘，则物力之难也。千钧之鼎，非一手能□；万石之弩非，一手能开，则任事之难也。今诸君子不惮劳瘁，委曲告成，直追松石先生之胜，厥以懋哉。

将见农服先畴，士习旧德，务本务而操奇赢，诚居然一大都会也。君子谓神之荐馨罔怨恫业，人之安堵弗播迁也。诸君子之朝于斯，夕于斯，聚国族于斯，子孙绳绳振振之无替也。予固乐观其盛矣，是为记。

| | |
|---|---|
| | 生员王崇□ |
| | 生员石维城 |
| | 候选州同知张磷 |
| 总理修庙工程 | 候选州同知王仁深 |
| | 候选鸿胪序班郭璋 |
| | 生员原琬 |
| | 乡耆郭鹏举 |
| | 生员延调羹 |
| | 生员石维鼎 |
| | 生员李春申 |
| | 生员延允谐 |
| | 张拱极 |
| | 王泽洽 |
| 司钱谷 | 张裕 |
| | 生员石补天 |

| | |
|---|---|
| | 生员原达 |
| | 杨恒溶 |
| 司饭局 | 生员张珮 |
| | 李时耀 |
| | 翟养德 |
| | 延□ |

| | | | |
|---|---|---|---|
| | 石维风 | 张三奇 | |
| | 赵命新 | 王邦柱 | |
| | 生员杨大新 | 蔡育湘 | |
| 值日监工 | 生员郭圻 | 阎三聘 | 张丰生 |
| | 生员栗殿桂 | 龚承垣 | 张培生 |
| | 生员王熙风 | 梁济民 | 刘升运 |
| | 蔡育生 | 延谅 | |
| | 生员石口 | 张环 | |
| | 岳承华 | 张式仲 | |

　　　　　郭登盛　　　　　张璐

计开收银数日
修东城原存留银六十五两
范学易本利银八十二两五钱
张宅银四十两
王宅银三十五两
杨宅银八两五钱
郭宅银一十二两五钱三分
张宅地基价银一十三两二钱
马林王窑价银二十两
原□□窑价银三两
石昭银一两
曹显高窑价银三两
赵民顺窑价银三两
张奇□银二两
以上共收银三百八十八两七钱
外收张环砖四千四百
公议许后北敌台西路□上修理

计开出银数目
木植使银五十二两九钱七分
砖瓦五万零五百　甬尾□大瓦□并脚钱共四十四两一分
石灰八百二十驮　河石□五百驮　塌一千驮　共银十二两
塑匠银四两　画匠银三两九分　油匠银三两一分
买正脊银五两　买配脊琉璃瓦共银九两
铁钉银五两　买家伙杂使用银五两三分　上梁□□□赏银六两
木工七百七十八工　银三十一两八分
石工一百一十九工　并碑璞二□石等项共银五两九钱四分

## 12. 戊子宰社碑记[1]

赐进士钦差巡按四川监察御史里人泊临张璿
吾乡社事昔称隆盛，至丁亥岁几成废却，诸友佥推冲霄延君为宰，大典乃振，明年更难其人。有……负□名，里社事多受神益。于是众恳总理，以司祭祀，君从容布理，历一载，诸事克尽，有光社稷。自残破□神祠……
圮，袍衫旗伞损坏，君善募于众，金装圣像，修置袍衫，整饰什物等项。一时各殿辉煌，神彩□彰……

---

1　现存于存润城村东岳庙。

后诚一□更新也。□非□足感人，才能御众，乌能如此□作耶。吾不忍没其事，并输财姓名同镌。
（后列捐资芳名及使费用项）
总理社首翟谅
神右坊　□□□　李应□
三圣坊　王明乐　郭登盛
铸佛坊　栗继正　李加元
街市坊　卢文礼　许士宗
通沁坊　李承文　卫俊民
神左坊　郭时荣　杨时新
镇溪坊　吕□□　卫□□
临沁坊　□□　　□□
文林坊　王瀚□　□□□
佛岩坊　延尧□　张志新
玉泉坊　□□□　□□□
玄阁坊　□□□　□□□

玉工□□□　　住持□□□

## 13. 乙亥宰社碑记[1]

□□□□饮酒礼，令里人百家行之，义至深远也。后人袭其名、摩其事。
　凡都邑镇店，各□一祠，各奉一神，以□祭主，春□间，萃父老子弟骏奔对越其中，社所□尚矣。
我润城踵之而庙祀
□□□□帝。荐享之礼，不敢苟简，历年来，仪文器数亦煌煌乎差有可观矣。迫□□□□□□□□□
□如麻。大村巨落，荡为灰烬，本镇尤甚惨焉。毋论蓄以宁室，家百不一，有即储以供神祀不问，然无遗
矣。丙戌，乙酉社宰推余嗣其事，悲慨交心，力绵莫办。于是捐阖社之羡金，募本乡之义士，□其大要而
□饰焉。虽未敢有光圣典，庶不失因俭示礼之微意云。　阳城乔赐□
书篆

（后书该社所收捐资、所办社事开支各项等等，漫漶不可辨识）
　　　王住　　　王一珍　　延□光　　赵景灏　　张国祥
　　　张天刚　　延时迪　　王瀚存　　延时整　　马奇　　延有□
各坊社首翟□□　田含童　　高□影　　延□□　　翟□　　延□泰
　　　吴养性　　田养□　　延□□　　□□□　　□□□　　□□

---

# ——— 后 记 ———

　　9月6日，在纪念中央文史研究馆成立60周年座谈会上，国务院参事、中国民间文艺家协会主席冯骥才向温家宝总理坦言："最近，我们对山东地区古村落做了一个调查，调查以后的结果非常吃惊，现今一座完整的原真的古村落也没有了。能想象齐鲁大地上找不到古村落吗？"我相信，冯先生所言，是客观事实。实际上，诺大之中国，保存完整的古村镇已经寥寥了。也许有人会提醒我，截至2010年底，已经公布了350处中国历史文化名镇名村。但这350处中国历史文化名镇名村（其中名村仅仅181处）与全国现有的320万个自然村相比，用万分之一计量，实在是太少了。

　　前几年给建筑学专业的本科生上《历史文化名城保护》课程。经常有学生问类似问题，"我们去过洛阳、开封、济南、武汉等城市，这些城市不像是历史文化城市呀？"这时，我都无以回答，只能嘿嘿一笑。国务院虽然公布了110余座国家历史文化名城，但我个人认为，这110余座中只有平遥、丽江、苏州、韩城、北京等称得上真正意义上的"历史文化名城"，很多则名不副实，甚至有名无实。对于历史文化村镇的保护，应该引此为鉴。

　　我去过润城镇不下10次，一直想做一些研究工作，但无奈经费拮据，不能如愿。直到2010年初，课题组终于筹凑了一些经费，可以用作课题组成员往返路费等基本开销。这样，调查研究工作在刘捷副教授的主持下得以开展。2010年暑假，建筑学专业0701班在润城镇进行了为期2周的历史建筑测绘。在调查和研究过程中，我们得到各方面的帮助和支持。山西省住房与城乡建设厅厅长王国正、总规划师李锦生等领导对这套丛书给予了高度重视和积极支持。山西省建设厅城建处处长张海同志（原村镇处处长）对本书的定位、框架提出了许多宝贵意见和具体指导。村镇处处长于丽萍同志为了保证调查研究工作的顺利开展做了大量的组织和协调工作。润城镇袁长有、张家庆同志对我们的调查研究给予了多方面的支持和帮助。另外，本书的部分工作还得到国家自然科学基金（项目编号：50708004）资助。在此，一并表示衷心的感谢。

　　本书由刘捷、王婧逸、孔维婧、张俊磊、于丽萍和我分别撰写或整理了相关内容，最后由刘捷统一修改定稿。如书中有遗漏、不妥、错误之处，恳请各界学者及广大读者批评指正。

薛林平

北京交通大学建筑与艺术系

2011年9月27日